Sofie Laux

Kalte Küche vollwertig

von der Vorspeise bis zum Buffet

Erprobte Rezepte und
wertvoller Rat

W0174303

GU

Gräfe und Unzer

Umschlagfotos
Vorderseite: Lauter reizvolle kalte Köstlichkeiten, die problemlos gelingen: Gemüseterrine mit Kräuterremoulade, Rezept Seite 43; Rohe Tomatensuppe nach italienischer Art, Rezept Seite 33; Tomatensalat auf Spinat, Rezept Seite 23.
2. Umschlagseite: Bei der üppigen Vitaminplatte mit Schafkäse langt an heißen Tagen jeder gerne zu, Rezept Seite 25.
3. Umschlagseite: Auch ohne Fleisch läßt sich Feines in Aspik verpacken. Zur Bamberger Gärtner-Sülze passen herzhaftes Vollkornbrot und Sesambutter, Rezepte Seite 44 und 58.
Rückseite: Dekorativ angerichtet schmeckt es Ihren Gästen besonders gut: Spaghettisalat nach italienischer Art, Rezept Seite 29; Reistimbale mit frischen Beeren, Rezept Seite 69; Gemüsetortelettes, Rezept Seite 53.

CIP-Kurztitelaufnahme der Deutschen Bibliothek

Laux, Sofie:
Kalte Küche vollwertig: erprobte Rezepte u. wertvoller Rat; (von d. Vorspeise bis zum Buffet) /
Sofie Laux. - 1. Aufl. - München: Gräfe u. Unzer, 1988

ISBN 3-7742-3450-7

1. Auflage 1988
© Gräfe und Unzer GmbH, München
Alle Rechte vorbehalten. Nachdruck, auch auszugsweise sowie Verbreitung durch Film, Funk und Fernsehen, durch fotomechanische Wiedergabe, Tonträger und Datenverarbeitungssysteme jeglicher Art nur mit schriftlicher Genehmigung des Verlages.

Redaktion: Antje Schunka-Späth
Herstellung: Monika Gerretz
Farbfotos: Susi und Pete A. Eising
Zeichnungen: Gerlind Bruhn
Umschlaggestaltung: Heinz Kraxenberger
Satz und Druck: Appl, Wemding
Reproduktion: Brend'amour, Simhart GmbH & Co.
Bindung: Sellier, Freising

ISBN 3-7742-3450-7

Sofie Laux
ist Hauswirtschaftsmeisterin, auf der Sebastian-Kneipp-Akademie ausgebildete Gesundheitspädagogin (SKA) und Gesundheitsberaterin (GGB) nach Dr. Bruker (Gesellschaft für Gesundheitsberatung, Lahnstein). Sie befaßt sich seit etwa 15 Jahren intensiv mit vollwertiger Ernährung. Seit 8 Jahren unterrichtet sie an der Städtischen Berufsschule Bamberg Hauswirtschaftslehre und gibt außerdem Kurse an der dortigen Volkshochschule. Rezepte veröffentlichte sie bereits in verschiedenen Zeitschriften, unter anderem in einem Sonderheft »Gesund Essen« von »Natur«.

Wichtiger Hinweis
Wenn bei den Rezepten Getreide benötigt wird, so muß beim Getreidekauf darauf geachtet werden, daß das Getreide gereinigt ist. Es muß befreit sein von Schmutz und Unkrautsamen (vor allem Samen der giftigen Kornrade). Auch der wieder häufiger auftretende Pilzparasit, der vor allem den Roggen befällt, das Mutterkorn, darf nicht enthalten sein. Es ist ein schwärzliches, meist stark vergrößertes Getreidekorn. Mutterkorn ruft beim Genuß lebensgefährliche Vergiftungserscheinungen hervor. Getreide muß also vor der Verarbeitung unbedingt verlesen werden.
Weder die Schoten noch die Samen von Hülsenfrüchten dürfen roh verzehrt werden, da erst durch ausreichendes Garen das darin enthaltene natürliche Gift, das Phasin, das ungünstig auf den Eiweißstoffwechsel wirkt, unschädlich gemacht wird. Dieses Gift wird beim Keimen nur teilweise abgebaut; auch Sojabohnenkeimlinge sollen daher nicht zu oft und grundsätzlich kurz erhitzt/blanchiert verzehrt werden.

Inhalt

Inhalt

Ein Wort zuvor

Den Wunsch, gesund und vital zu sein, hat jeder von uns. Wir möchten uns vernünftig ernähren, aber natürlich auch genießen, Freude am Essen haben. Mit vollwertigen kalten Köstlichkeiten läßt sich auf ideale Weise das Angenehme mit dem Nützlichen verbinden.

Das Thema dieses neuen Bandes aus der praktischen Reihe »Kleine Vollwert-Kochbücher« kommt also wie gerufen. Unverfälschte, naturbelassene Zutaten in Wohlschmeckendes zu verwandeln, das auch noch ganz besonders appetitlich aussieht - das macht jedem Spaß.

Wer mit der Vollwertküche schon Erfahrungen gemacht hat, der suchte bisher vergeblich nach einem Kochbuch, das ihm speziell raffinierte Anregungen für die kalte Küche bietet. Und allen, die Vollwertiges erst einmal probieren wollen, gelingt der Einstieg mit Vorspeisen, Salaten, kalten Suppen, Pasteten, Häppchen, Broten, Desserts und so weiter ganz besonders leicht.

Vollwertkost ist längst keine »Mode« mehr, sondern sie ist sozusagen schon fast »in aller Munde«. Niemand wird mehr belächelt, der sich heute vollwertig ernährt. Viele wissen, wie wichtig es ist, daß unser Körper lebensnotwendige Vitalstoffe wie Vitamine, Mineralstoffe, Spurenelemente, Enzyme, Fermente, ungesättigte Fettsäuren, Aroma- und Faser- oder Ballaststoffe in ausreichender Menge bekommt. Wenn wir naturbelassene Lebensmittel so schonend wie möglich verarbeiten, tun wir das Beste für unser Wohlbefinden und unsere Lebensfreude.

Vollwertkost - das ist für mich die Verquickung von alten Kochtraditionen mit gesundheitlich wertvoller moderner Kochkunst, die beweist, daß alles gut schmeckt. Das Thema »Kalte Küche - vollwertig« war für mich also ein ganz besonderes Anliegen. Nach Prof. Werner Kollath bedeutet Vollwertkost, die Nahrung so natürlich wie möglich zu belassen, ein Grundsatz, den ich in meinen Rezepten und Anleitungen konsequent einhalte: Getreide wird nur als »volles Korn« verarbeitet, Obst und Gemüse werden möglichst roh zubereitet, und wegen des höheren Anteils an essentiellen und ungesättigten Fettsäuren nehme ich lediglich naturbelassene Fette und Öle. Raffinierter Zucker und damit hergestellte Produkte, Auszugsmehle oder Back- und Teigwaren daraus sowie Industriefette verwende ich in meinen Rezepten nicht.

Ein weiteres Anliegen war es für mich, mit meinen Rezepten auch die Vielseitigkeit der kalten Küche zu zeigen. Sie finden in diesem Kochbuch reizvolle, unkomplizierte Rezept-Ideen, die problemlos gelingen und auch Skeptiker überzeugen.

Mit meinen Vorschlägen für jeden Tag oder für besondere Anlässe wird es Ihnen Spaß machen, die Familie und Ihre Gäste zu verwöhnen. In zwei Kapiteln habe ich speziell für den kleinen Empfang oder für ein kaltes Buffet Rezepte zusammengestellt, die sich von den Zutaten und dem Arbeitsaufwand her besonders problemlos für eine größere Gästeschar eignen. Darüber hinaus finden Sie in allen Kapiteln vieles Reizvolle für festliche Gelegenheiten und Einladungen.

Die brillanten Farbfotos wecken bestimmt schon beim Durchblättern Ihren Appetit. Besonders hilfreich sind die Schritt-für-Schritt-Anleitungen für schwierigere Arbeitsgänge, die Tips und informativen Zeichnungen sowie die Anregungen für hübsches Dekorieren.

Gehen Sie mit Lust, Liebe und Experimentierfreude ans Werk, wandeln Sie ab und entwikkeln Sie weiter. Ich wünsche Ihnen dazu viel Freude und gutes Gelingen!

Ihre Sofie Laux

Vor dem Start zu lesen

Kalte Vollwert-Köstlichkeiten für viele Anlässe

Wenn die Familie Feste feiert, wenn Sie berufliche Verpflichtungen haben oder für Freunde eine Party geben wollen, bietet sich ein kaltes Buffet oder ein Imbiß »im Stehen« als ideale Lösung an.
Von der Planung über Einkauf und Vorbereitung bis hin zu vielen besonders reizvollen Gerichten für den jeweiligen Anlaß soll Ihnen dieses kleine Vollwert-Kochbuch helfen, Ihr nächstes Fest problemlos zu gestalten.
Doch nicht nur bei besonderen Ereignissen sind kalte Gerichte willkommen: täglich zum Frühstück, als Imbiß im Sommer, am Abend oder Wochenende gibt es genügend Gelegenheiten, etwas kaltes Feines auf den Tisch zu bringen. Deshalb reicht meine Rezeptauswahl vom einfachen vollwertigen Frischkorn-Frühstück bis zum Gäste-Buffet.
Wenn Sie einladen, ist gute Planung wichtig. Werden zu einem Essen oder Empfang Gäste gebeten, so sollte dies möglichst 3–4 Wochen vorher mit der Bitte um baldige Antwort geschehen. Eingeladen wird meist für mittags zwischen 11.00 und 13.00 Uhr oder abends zwischen 18.00 und 20.00 Uhr. Den Anlaß und die genaue Uhrzeit sollten Sie immer angeben. Es empfiehlt sich auch, den Gästen mitzuteilen, daß sie Vollwertiges erwartet.
Dann sollten Sie rechtzeitig die Rezepte auswählen und einen Arbeitsplan machen: Einkauf von haltbaren Lebensmitteln mehrere Tage vor dem Fest. Grundzutaten oder Gerichte, die nicht sofort serviert werden müssen, vorbereiten, einweichen, kühlen, backen (entsprechende Hinweise finden Sie bei den Rezepten), eventuell auch Geeignetes einfrieren.
Der Tisch sollte immer mit Sorgfalt gedeckt werden, elegant-festlich oder fröhlich-bunt. Wichtig ist dabei nur, daß Besteck, Geschirr und Tischwäsche zusammenpassen. Blumen auf einem Eßtisch sollten stets kurzstielig sein, um die Sicht nicht zu versperren; auf einem Buffet können sie den Hintergrund bilden. Auch Kerzen geben Stimmung.
Getränke müssen rechtzeitig besorgt oder zubereitet werden: kalte Getränke gut kühlen, warme auf Stövchen (Kerzenrechaud) stellen oder in Thermokannen bereithalten.
Ein Anhaltspunkt für Quantität und Proportionen: sind mehr männliche Gäste geladen, sollten Sie zwei Drittel pikante und ein Drittel süße Speisen anbieten, sind es mehr Damen, sollte ein Drittel der Speisen pikant und zwei Drittel sollten süß sein. Mit folgenden Mengen müssen Sie etwa rechnen.

Frühstücksbuffet für etwa 10 Personen:
Frischkornmüsli aus 500 g Getreide, 1500 g frischen Früchten, 200 g Sahne, 100 g Nüssen,
1 kg Vollkornbrot, 10–15 Vollkornbrötchen,
500 g Butter,
je 500 g Marmelade oder Fruchtmus, Kräuterquark und Käse,
10–15 Nußhörnchen,
10 Stücke Kuchen,
etwa 5 l Kaffee (Getreidekaffee) und Tee.

Empfang am Vormittag für etwa 20 Personen:
20 Scheiben Vollkornbrot und 20 Vollkornbrötchen,
500 g Buttermischungen,
20–30 Nuß- oder Käsehörnchen,
10–20 gefüllte Mürbeteigschiffchen,
10–20 Tortelettes mit Gemüse,
etwa 4 l kalte Suppe oder Kaltschale,
10 Portionen gehaltvolles Dessert, zum Beispiel Tiramisu, und 6 Portionen leichtes Dessert, zum Beispiel Erdbeersülze,
etwa 2 kg frisches Obst nach Jahreszeit,
etwa 5 l Saft und Mineralwasser.

Buffet oder Party für etwa 10 Personen:
50–70 Häppchen oder Gebäckteilchen,
3–4 Schüsseln Blatt- und Wurzelsalate,
1 Pastete,
2,5 kg gemischtes Obst oder 10–12 Portionen Obstdessert,
5 l Tee oder Saft oder 2 l Apfelwein und 3 l Mineralwasser.

Raffiniert garnieren

Hier finden Sie Tips für verschiedene Garnituren, die Ihre kalten Köstlichkeiten besonders appetitlich aussehen lassen. Auch bei den einzelnen Rezepten gebe ich Ihnen noch viele Hinweise.

Avocado als Fächer
Nur gut reife Früchte lassen sich hierfür verwenden; sie schmecken auch nur reif nussig und intensiv nach Avocado. Ob eine Avocado ganz reif ist kann man fühlen; sie muß auf behutsamen Fingerdruck sanft nachgeben wie weiche Butter. Man kann eine Avocado auch sehr gut nachreifen lassen: bei Zimmertemperatur einfach liegen lassen.

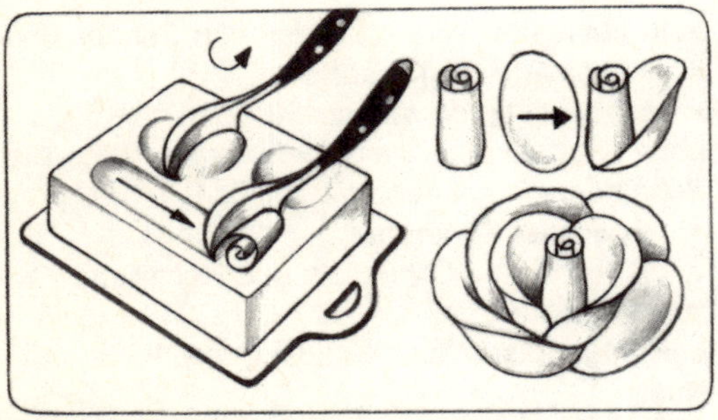

So gelingen dekorative Rosen aus Butter oder Buttermischungen. Der Löffel muß zwischendurch immer wieder kurz in heißes Wasser getaucht werden.

Die Avocado quer durchschneiden, mit der Messerspitze den Kern herauslösen, das Fruchtfleisch in feinen Streifen herausschneiden und daraus einen Fächer bilden.

Butterrosen, zum Beispiel für Käseplatten
Mit einem Tee- oder Kaffeelöffel in Pfeilrichtung über die Butter ziehen (siehe Zeichnung), das ergibt eine Spirale; diese sofort in Eiswasser legen. Nun mit dem Löffel halbmondförmige Butterstückchen ausstechen (Blütenblätter); auch diese ins Eiswasser legen. Anschließend um jede Butterspirale die Blütenblätter drapieren.

Eiwürfel für Salat
Das gekochte, geschälte Ei im Eischneider in Scheiben schneiden, dann das Ei um 90° drehen und nochmals mit dem Eischneider schneiden; so bekommt man rasch schöne gleichmäßige Eiwürfel.

Gemüsedekorationen
Für Gurken- oder Karottensternchen wird eine geputzte Karotte oder heiß gewaschene Gurke rundum der Länge nach mit dem Messer einige Millimeter tief eingekerbt und dann werden schmale Streifen herausgeschnitten. Anschließend die Karotte oder Gurke in dünne Scheiben schneiden oder hobeln.
Bißfest gekochtes Gemüse (dicke Möhren, Knollensellerie) kann man in Scheiben schneiden und daraus mit kleinen Plätzchenformen Blüten ausstechen.
Gerillte Scheiben erhält man beim Schneiden mit einem Buntmesser.

Kuchen verzieren
Kuchen oder Torten (besonders gut aus dunklem Teig) mit Schlagsahne bestreichen und dick mit Carob bestreuen. Eine Schablone (Sternform oder beliebiges Muster) auflegen, Kokosflocken oder Arrowroot (Pfeilwurzelmehl) dar-

überstreuen und anschließend die Schablone vorsichtig abheben.

Orangen filetieren
Die Schale der Orange mit einem scharfen Messer entfernen, dabei die weiße Haut regelrecht abschneiden. Jetzt das obere und untere Ende der Orange abtrennen. Die Fruchtfilets liegen nun frei und können mit dem Messer aus den Kammern herausgeschnitten werden; dabei die Frucht über ein Gefäß halten, damit der Saft nicht verlorengeht (siehe Zeichnung Seite 66).

Tomaten- oder Rettichrosette
Tomaten oder Rettiche dünn schälen, so daß die Schale als langer Streifen erhalten bleibt. Den Schalenstreifen zusammenrollen und eine Rosette formen; mit Kräuterblättchen bestekken oder auf ein Salatblatt oder ein Kressebett setzen.

Weitere Garniervorschläge
Dekor aus Blüten, Blättern und Kräutern, Körnern, Samen und Nüssen, Wachteleiern und Kirschtomaten, Zitronen, Orangen, Grapefruits, Trauben. Rettichspiralen, Radieschenrosen (siehe Zeichnung Seite 42), Zwiebelringe, in Kräutern oder Gewürzen gewälzt, Lauchstückchen, Perlzwiebeln, Maiskölbchen;
Blüten von Gänseblümchen, Kapuzinerkresse, Schafgarbe, Borretsch, Ringelblumen;
Gurke und Rettich als Spirale geschnitten: schlanke Exemplare werden auf Holzspieße gesteckt und mit einem scharfen Messer schraubenartig um die Frucht geschnitten.
Grüne Späne zur Garnierung erhält man, wenn man die Schale einer Gurke mit dem Juliennereißer schält.

Nützliche Küchenhelfer

Einige Geräte machen die Arbeit in der »kalten Küche« und vor allem das Anrichten und Garnieren besonders leicht; vieles davon werden Sie ohnehin schon besitzen. Manches entdekken Sie vielleicht zusätzlich noch in Haushaltswarengeschäften. Ich empfehle Ihnen zum Beispiel:

- Ausstechförmchen,
- Backrädchen zum Teilen von ausgerolltem Teig; Backpinsel oder Blumenspritze zum Befeuchten von Brötchen und Brot,
- Butterbrettchen zum Formen von Butterkugeln,
- Eischneider zum Schneiden oder Würfeln von gekochten Eiern,
- Gemüsehobel zum Schneiden von Salatzutaten,
- Getreidemühle, elektrisch oder von Hand betrieben (oder als Zusatzgerät zur Küchemaschine), zum Schroten und Mahlen von Getreide,
- Holzbretter in verschiedenen Größen zum Schneiden,
- Keimgerät oder Weckglas mit Gaze/Mull und Gummiring zum Keimen von Samen und Körnern (siehe folgende Seite),
- Küchenmaschine oder elektrisches Handrührgerät,
- Kuchengitter zum Abkühlen von Gebäck und Kuchenpalette für Torten,
- Messer in verschiedenen Größen, mit und ohne Säge; eventuell ein Buntmesser für gerillte Scheiben von gekochtem Gemüse,
- Mixer oder Pürierstab,
- Platten, Teller, Schüsseln und Holzbretter zum Anrichten,
- Rohkostraspel für Obst, Gemüse, Käse und Nüsse,
- Spritzbeutel mit verschiedenen Tüllen (dick, dünn, glatt, gezackt) für Buttermischungen, Sahne, Füllungen und so weiter,

• Toaster; notfalls kann auch in der Pfanne oder im Backofen getoastet werden,
• Zitruspresse, weil frisch gepreßter Orangen- und Zitronensaft am besten schmeckt und naturbelassen ist.

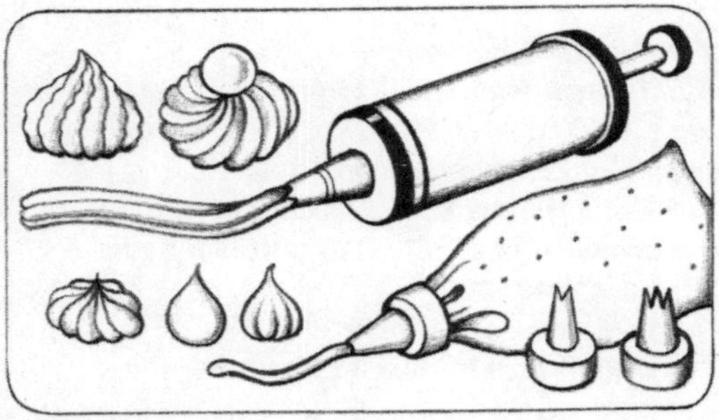

Es gibt Garnierspritzen aus Kunststoff und Spritzbeutel aus Stoff mit verschiedenen Spritztüllen zum Auswechseln.

Sprossen und Keime

Sprossen und Keime versorgen uns mit Vitalstoffen in konzentrierter Form. Bei keinem anderen »Gemüse« kann man so sicher sein, ein unverfälschtes Lebensmittel zu haben, denn keines ist so »lebendig« und weitgehend schadstoff-frei. Speziell in den Wintermonaten liefern uns Samen und Körner vitalstoffreiche Frischkost. Außerdem entwickeln sich durch den Keimprozeß Enzyme, die unseren Stoffwechsel fördern.
Weizen, Roggen, Gerste und Hafer sowie Mungobohnen, Senfkörner, Alfalfa, Linsen, Kichererbsen, Rettich- und Radieschensamen, Sonnenblumenkerne, Kürbiskerne und andere eignen sich vorzüglich zum Keimen.
Wichtig für den Einkauf: Verwenden Sie nur Samen, die speziell zum Keimen angeboten werden, nicht chemisch behandelt sind und aus biologischem Anbau kommen. Ohne Erde und ohne viel Zeitaufwand können Sie Ihre Sprossen und Keimlinge in Keimgeräten verschiedener Ausführung und Materialien (von Kunststoff bis Ton) und nach verschiedenen Methoden ziehen.
Die einfachste Methode: Die Samen in ein großes Einmachglas geben (nur wenig, denn ihr Volumen vergrößert sich je nach Sorte stark), mit lauwarmem Wasser etwa 12 Stunden einweichen. Das Glas mit Kunststoffgaze oder Fliegendraht bedecken und einen starken Gummiring umlegen. Die Samen nach der Einweichzeit abgießen (durch die Gaze gießen) und mehrfach gründlich mit lauwarmem Wasser spülen. Das letzte Wasser restlos abgießen (siehe Zeichnungen). Das Glas an einen schattigen luftigen Platz stellen (Temperatur etwa 21°) und die Keimlinge täglich mindestens zweimal mit lauwarmem Wasser wie oben durchspülen.
Nach 3–6 Tagen sind die Keimlinge fertig. Sie halten sich dann noch etwa 4 Tage zugedeckt im Kühlschrank und sollten vor Verwendung im Sieb durchgespült werden.
Beispiele für die Mengen:
10 g Alfalfasamen ergeben etwa 50 g Sprossen;
10 g Senfkörner ergeben etwa 30 g Senfkeimlinge;
10 g Weizen oder Gerste ergeben etwa 25 g Keimlinge.

Vorspeisen und Snacks

Für leichte Kleinigkeiten und Häppchen findet sich immer ein Anlaß, man kann sie zwischendurch als Imbiß verspeisen, vor einem Menü servieren oder damit Gäste verwöhnen, die nicht direkt zum Essen eingeladen werden. Zu den Vorspeisen können Sie natürlich nach Belieben noch Toast, Gebäck oder Brötchen reichen. Rezepte auf den Seiten 48 und 93–95. Von den Cocktails können Sie auch verschiedene zur Auswahl, in Portionsgläsern, auf einem kalten Buffet anrichten. Und für den kleinen Empfang sind Platten mit bunt gemischten Canapés die ideale »Knabberei«.

Preiswert · Schnell · Für Gäste

Pfirsiche mit Pfeffercreme

Diese Pfirsiche passen gut als Garnitur auf ein Käsebrett.

Zutaten für 4 Portionen:
4 sehr reife Pfirsiche · 200 g Frischkäse · 200 g Sahne · 2 Eßl. gefriergetrockneter, grüner Pfeffer
Pro Portion etwa 1600 kJ/380 kcal
8 g Eiweiß · 32 g Fett · 14 g Kohlenhydrate · 2 g Ballaststoffe

Zubereitungszeit: etwa 15 Minuten

- Die Pfirsiche waschen, trockentupfen, halbieren und die Kerne herauslösen. Die Fruchthälften mit der Schnittfläche nach oben auf eine Platte setzen.
- Den Frischkäse cremig rühren. Die Sahne steif schlagen und unter den Käse ziehen.
- Die Pfefferkörner daruntermischen. Die Creme in einen Spritzbeutel mit glatter Tülle füllen und Tupfer auf die Pfirsichhälften spritzen.

Preiswert · Schnell

Sesamkäse auf Orangenscheiben

Bild Seite 36

Zutaten für 6 Portionen:
4 Eßl. Sesamsamen · 2 Orangen · 200 g Frischkäse · 100 g Magerquark · 2 Eßl. Sahne · eventuell Zitronenmelisse
Pro Portion etwa 830 kJ/200 kcal
8 g Eiweiß · 14 g Fett · 10 g Kohlenhydrate · 3 g Ballaststoffe

Zubereitungszeit: etwa 15 Minuten

- Die Sesamsamen in einer trockenen Pfanne rösten, bis sie anfangen zu duften. Abkühlen lassen.
- Die Orangen sorgfältig schälen, auch das Weiße entfernen.
- Jeweils den oberen und unteren Teil abschneiden. Aus jeder Orange 3 dicke Scheiben schneiden und diese nebeneinander auf einen großen Teller legen.
- Den Frischkäse, den Quark und die Sahne mit dem Schneebesen zu einer glatten Masse verrühren. 3 Eßlöffel abgekühlte Sesamsamen unter die Quarkmasse mischen.
- Mit einem Eisportionierer (oder einem größeren Löffel) von der Quarkmasse Kugeln abstechen, auf den Orangenscheiben anrichten und mit den restlichen Sesamsamen bestreuen. Nach Wunsch noch mit Melisse garnieren.

Tip: Auf einem Glasteller angerichtet sieht die Vorspeise besonders hübsch aus. Statt eines Glastellers kann man auch gut einen Spiegel verwenden, zum Beispiel für ein kaltes Buffet. Orangen mit unbehandelter Schale können Sie auch mit der Schale verwenden.

Ganz einfach · Für Gäste

Walnußbirnen

Zutaten für 8 Portionen:
4 reife Birnen (500 g) · Saft von 1 Zitrone · 100 g Walnußkerne, frisch gehackt · 250 g Preiselbeermus (Rezept Seite 62) · 200 g Gorgonzolakäse · 100 g Frischkäse · 3 Eßl. Sahne
Pro Portion etwa 1215 kJ/290 kcal
9 g Eiweiß · 21 g Fett · 14 g Kohlenhydrate · 4 g Ballaststoffe

Zubereitungszeit: 25–30 Minuten

- Die Birnen schälen, der Länge nach halbieren, das Kerngehäuse herausschneiden und die Birnenhälften mit dem Zitronensaft begießen.
- Die Birnen mit der Rundung in den Nüssen wenden und mit den Schnittflächen nach oben kreisförmig auf einen großen Teller legen.
- Das Preiselbeermus in ein Glasschälchen füllen und in die Mitte des Tellers stellen.
- Den Gorgonzola und den Frischkäse zusammen mit einer Gabel zerdrücken und mit der Sahne verrühren. Die Käsemasse in einen Spritzbeutel mit glatter Tülle füllen und auf die Birnenhälften spritzen.

Schnell · Ganz einfach

Avocadocreme mit Melisse

Zutaten für 4 Portionen:
2 Zweige Zitronenmelisse · 2 gut reife Avocados · Saft von 1 Zitrone · 2 Eßl. Ahornsirup oder 1 Eßl. Honig · 150 g Sahne
Pro Portion etwa 1900 kJ/450 kcal
4 g Eiweiß · 46 g Fett · 10 g Kohlenhydrate · 5 g Ballaststoffe

Zubereitungszeit: etwa 15 Minuten

- Die Zitronenmelisse waschen, trockenschütteln, 4 Blättchen zum Garnieren beiseite legen und den Rest fein hacken.
- Die Avocados halbieren, den Kern entfernen, das Fruchtfleisch aus der Schale lösen, in eine Schüssel geben und mit dem Pürierstab fein pürieren oder mit einer Gabel gründlich zerdrücken. Mit dem Zitronensaft beträufeln. Den Ahornsirup oder den Honig dazugeben und alles zu einer Creme verrühren.
- Die Sahne steif schlagen und mit der Melisse unter die Creme ziehen.
- Die Creme in Portionsgläser füllen und mit den Melisseblättchen garnieren.

Tip: Avocados sind reif, wenn sie sich von außen leicht drücken lassen.

Schnell · Für Gäste

Gefüllte Avocados

Zutaten für 4 Portionen:
50 g Walnußkerne · 2 gut reife Avocados · 150 g Frischkäse · 1 Teel. Senf · je 1 Messerspitze weißer Pfeffer, frisch gemahlen, und Salz · 1 Bund Schnittlauch
Pro Portion etwa 2200 kJ/520 kcal
9 g Eiweiß · 54 g Fett · 3 g Kohlenhydrate · 6 g Ballaststoffe

Zubereitungszeit: etwa 10 Minuten

- Die Walnüsse grob hacken. Die Avocados längs halbieren und den Kern herauslösen.
- Den Frischkäse mit dem Senf, dem Pfeffer und dem Salz cremig rühren. Die Nüsse daruntermischen.

- Mit einem Eisportionierer oder einem Eßlöffel 4 Kugeln aus der Käsemasse formen und in die Kernlöcher der Avocados setzen. Man kann die Creme auch mit einem Spritzbeutel mit glatter Tülle in die Öffnungen spritzen.
- Den Schnittlauch waschen, trockenschütteln, fein schneiden und auf die Avocados streuen.

Ganz einfach

Gefüllte Tomaten

Zutaten für 4 Portionen:
1 kleiner Kopfsalat · 4 Fleischtomaten · 200 g Schafkäse · 100 g Magerquark · 100 g Crème fraîche oder saure Sahne · 50 g gemischte frische Kräuter nach Belieben · 1 kleine Zwiebel · 2 Knoblauchzehen · 1 Messerspitze weißer Pfeffer, frisch gemahlen · 2 Eßl. Senfkeimlinge aus 20 g Senfkörnern (siehe Seite 9)
Pro Portion etwa 1200 kJ/290 kcal
13 g Eiweiß · 21 g Fett · 7 g Kohlenhydrate · 3 g Ballaststoffe

Zubereitungszeit: etwa 20 Minuten

- Den Kopfsalat zerlegen, die Salatblätter ganz lassen, waschen und abtropfen lassen.
- Die Tomaten waschen, mit Küchenkrepp abtrocknen, jeweils einen Deckel abschneiden und beiseite legen. Die Tomaten aushöhlen, das Innere anderweitig verwenden (zum Beispiel für eine Tomatensuppe).
- Den Schafkäse mit einer Gabel zerdrücken. Den Quark und die Crème fraîche dazugeben und alles mit dem Schneebesen glattrühren.
- Die Kräuter gründlich waschen, auf Küchenkrepp trockentupfen und fein schneiden. Die Zwiebel und die Knoblauchzehen schälen und ebenfalls fein schneiden.
- Die Kräuter mit der gehackten Zwiebel und dem Knoblauch, dem Pfeffer und den Senfkeimlingen unter die Käsemasse mischen.
- Die Masse in einen Spritzbeutel mit glatter Tülle füllen und in die Tomaten spritzen. Die Tomatendeckel darauflegen.
- Die gefüllten Tomaten auf den Salatblättern anrichten.

Tip: Ich verwende in meinen Rezepten generell Magerquark. Es schadet aber nichts, wenn Sie statt dessen Quark mit 10 oder 20% Fettgehalt i. Tr. nehmen.

Nicht ganz einfach

Gorgonzola-Nuß-Quark in Mürbeteigschiffchen

Bild Seite 18

Zutaten für 6 Portionen:
Für die Förmchen: Butter · 1 Eßl. Sesamsamen
Für den Teig: 50 g Weizen · 50 g Hirse · 50 g Butter · 1 Prise Salz · 50 g saure Sahne
Für die Füllung: 100 g Gorgonzolakäse · 200 g Magerquark · 50 g Walnußkerne, frisch gehackt
Zum Garnieren: ½ Bund Petersilie · eventuell halbe Walnußkerne · einige Salatblätter
Pro Portion etwa 1300 kJ/310 kcal
12 g Eiweiß · 22 g Fett · 14 g Kohlenhydrate · 2 g Ballaststoffe

Vorbereitungszeit: etwa 20 Minuten
Backzeit: etwa 15 Minuten
Fertigstellung: etwa 10 Minuten

- Sechs Schiffchen – oder Tortelettförmchen von 6 cm Durchmesser – mit Butter gründlich ausfetten und dann mit den Sesamsamen ausstreuen.

- Den Weizen und die Hirse zusammen mehlfein mahlen. Das Mehl auf ein Backbrett geben. Die Butter in Flöckchen daraufsetzen und mit dem Salz sowie der sauren Sahne mit den Händen rasch zu einem Teig zusammendrücken. Den Backofen auf 200° vorheizen.
- Den Teig zwischen zwei Lagen Backtrennpapier ausrollen, entsprechend große Teigstücke ausschneiden und in die Förmchen legen. Überstehende Teigränder abschneiden.
- Die Förmchen auf den Backofenrost stellen, in den Backofen (Mitte) schieben und die Mürbeteigschiffchen in etwa 15 Minuten »blind backen«. Auskühlen lassen.
- Den Gorgonzolakäse durch ein Sieb streichen oder mit dem Pürierstab pürieren. Den Quark dazugeben und beides gut miteinander verrühren. Die gehackten Nüsse untermischen.
- Die Käsemasse in einen Spritzbeutel mit glatter oder gezackter Tülle füllen und in die Schiffchen (Tortelettes) spritzen.
- Mit der Petersilie bestreuen. Nach Belieben mit Nüssen und Salatblättern garnieren.

Tip: Aus den verbleibenden Teigresten können Sie auf einem Backblech noch winzige Plätzchen backen und als Garnierung verwenden.

Variante: Die Käsemasse kann auch gut auf Tomaten oder Gurkenscheiben gespritzt werden.

Schnell · Für Gäste

Avocados mit scharfer Sauce

Zutaten für 4 Portionen:
2 reife Avocados · 2 Eßl. Zitronensaft · 2 Eßl. Crème fraîche · 2 Eßl. Joghurt · 1 Messerspitze Salz · 1 Prise Cayennepfeffer
Zum Garnieren: 4 große Radicchioblätter

Pro Portion etwa 1500 kJ/360 kcal
4 g Eiweiß · 37 g Fett · 3 g Kohlenhydrate · 5 g Ballaststoffe

Zubereitungszeit: etwa 10 Minuten

- Die Avocados der Länge nach halbieren, den Kern herauslösen, die Fruchthälften schälen und in Spalten schneiden. Die Spalten auf einen Teller legen und sofort mit dem Zitronensaft beträufeln, damit sie nicht braun werden.
- Aus der Crème fraîche, dem Joghurt, dem Salz und dem Cayennepfeffer eine glatte Sauce rühren. Sie soll schön scharf schmecken.
- Die Radicchioblätter waschen, trockenschütteln und auf vier Teller verteilen. Die Avocadospalten fächerartig darauflegen und mit der Sauce übergießen.

Tip: Wenn Sie die Avocadospalten vorsichtig aus der Schale herausschneiden, können Sie die Schalen mit Selleriesalat (Rezept Seite 24) füllen und dazu servieren.

Ganz einfach

Fenchelcocktail

Zutaten für 4 Portionen:
4 kleine Fenchelknollen (etwa 300 g) mit Grün · 3 Orangen · je 1 Messerspitze Salz, Pfeffer, frisch gemahlen, und Fenchelpulver · 100 g Crème fraîche · 100 ccm Buttermilch · 1 Teel. flüssiger Honig · 4 Eissalatblätter · 50 g Walnußkerne

Pro Portion etwa 1300 kJ/310 kcal
7 g Eiweiß · 18 g Fett · 26 g Kohlenhydrate · 7 g Ballaststoffe

Zubereitungszeit: etwa 20 Minuten

• Die Fenchelknollen waschen, harte Stellen entfernen, die Wurzelenden und das Grün abschneiden; das Fenchelgrün beiseite legen. Die Knollen der Länge nach halbieren und den bitteren Keil herausschneiden. Den Fenchel in feine Streifen schneiden oder hobeln.
• 1 Orange auspressen und den Saft über die Fenchelstreifen gießen. Die beiden anderen Orangen schälen und die weiße Haut sorgfältig entfernen. Die Früchte kleinschneiden.
• Aus dem Salz, dem Pfeffer, dem Fenchelpulver, der Crème fraîche, der Buttermilch und dem Honig ein Dressing rühren. Mit den Fenchel- und Orangenstückchen vermischen.
• Die Eissalatblätter vorsichtig waschen und trockenschütteln. Jeweils 1 Blatt in eine Cocktailschale legen und den Fenchelsalat darauf verteilen.
• Die Walnüsse grob hacken und über die Cocktails streuen. Mit Fenchelgrün garnieren.

Tip: Fenchel schneidet oder hobelt man am besten der Länge nach, da sich das Fenchelaroma so am besten entfaltet. Fenchelpulver gibt es im Reformhaus, Sie können es aber auch selbst aus Fenchelkörnern frisch mahlen.

Schnell · Ganz einfach

Birnen-Käse-Cocktail

Zutaten für 4 Portionen:
200 g Emmentaler oder Goudakäse · 500 g Birnen · 1 Messerspitze Senfpulver · 1 Messerspitze weißer Pfeffer, frisch gemahlen · 1 Teel. gemahlener Koriander · 1 Teel. Akazienhonig · 1 Eßl. Obstessig · 6–7 Teel. Sonnenblumenöl
Pro Portion etwa 1200 kJ/290 kcal
15 g Eiweiß · 20 g Fett · 14 g Kohlenhydrate · 4 g Ballaststoffe

Zubereitungszeit: etwa 10 Minuten

• Den Käse von der Rinde befreien und in Stifte schneiden. Die Birnen schälen (man kann sie nach Wunsch auch mit der Schale verwenden), vierteln, vom Kerngehäuse befreien und ebenfalls in Stifte schneiden.
• Die Birnen- und Käsestifte mit dem Senfpulver, dem Pfeffer, dem Koriander, dem Honig, dem Essig und dem Öl mischen. In Cocktailgläsern anrichten.

Tip: Senfpulver (und andere Gewürze wie zum Beispiel Kümmel, Koriander) können Sie sehr gut selbst herstellen, und zwar mit einer ausgedienten elektrischen Kaffeemühle (mit Schlagmessern). Frisch gemahlen entfalten alle Gewürze ihr Aroma am besten, und man braucht weniger, da Pulver intensiver schmeckt.

Ganz einfach

Chicoréecocktail

Zutaten für 4 Portionen:
Saft von 1 Zitrone · 1 Teel. Akazienhonig · 1 Messerspitze Salz · 1 Eßl. Zitronenmelisse, frisch feingehackt · 125 g saure Sahne · 1 Prise weißer Pfeffer, frisch gemahlen · 4 Stauden Chicorée · 1 große Orange · 2 Eßl. Walnußkerne, frisch gehackt
Pro Portion etwa 570 kJ/140 kcal
5 g Eiweiß · 9 g Fett · 11 g Kohlenhydrate · 4 g Ballaststoffe

Zubereitungszeit: etwa 20 Minuten

• Für die Sauce den Zitronensaft mit dem Akazienhonig verrühren, bis sich der Honig aufgelöst hat.

• Das Salz, die Zitronenmelisse, die saure Sahne und den Pfeffer dazugeben und glattrühren.
• Die Chicoréestauden waschen, welke Blätter entfernen und vom Strunkende etwa 1 cm abschneiden. Die Stauden der Länge nach halbieren und den bitteren Keil am unteren Ende herausschneiden. Je 2 Blätter für die Garnierung beiseite legen. Die Stauden dann in etwa 1 cm dicke Scheiben schneiden, sofort in die Salatsauce geben und mischen.
• Die Orange schälen, die weiße Haut gründlich entfernen, die Frucht in Segmente teilen und diese in kleine Stückchen schneiden. Die Orangenstücke mit dem Chicoréesalat mischen.
• Den Salat in vier Cocktailschalen füllen und die zurückbehaltenen Chicoréeblätter am Rand hineinstecken. Die Walnüsse darüberstreuen.

Ganz einfach · Für Gäste

Gefüllte Melone auf Eis

Eine unkomplizierte Vorspeise für eine kleine Einladung.

Zutaten für 8 Portionen:
1 Wassermelone · 2 Stangen Bleichsellerie · 2 Äpfel · 2 Bananen · 2 Orangen · Saft von 1 Zitrone · Mayonnaise (Rezept Seite 55) · 30 g schalenlose Kürbiskerne
Pro Portion etwa 1130 kJ/270 kcal
4 g Eiweiß · 17 g Fett · 30 g Kohlenhydrate · 5 g Ballaststoffe

Zubereitungszeit: etwa 20 Minuten

• Von der Melone etwa ein Drittel als Deckel abschneiden. Die Kerne herauslösen. Das Fruchtfleisch aus der größeren Hälfte herausschneiden und würfeln.
• Den Bleichsellerie waschen und in feine Streifen schneiden.
• Die Äpfel waschen, vom Kerngehäuse befreien und in Würfel schneiden. Die Bananen und Orangen schälen und ebenfalls in Würfel schneiden; bei den Orangen wenn nötig die Kerne entfernen.
• Alle Fruchtwürfel sowie die Selleriestreifen mischen, mit dem Zitronensaft begießen und durchziehen lassen.
• Die Mayonnaise unter die Fruchtmischung heben und den Salat in die Melone füllen. Die Kürbiskerne hacken und darüberstreuen.

Das paßt dazu: am besten Vollkornbrot mit Butter.

Preiswert · Schnell

Kressehäppchen

Zutaten für 16 Stück:
4 quadratische Scheiben Vollkornbrot · 2 Eßl. Butter · 200 g Frischkäse · 1 Kästchen Kresse
Pro Stück etwa 330 kJ/80 kcal
3 g Eiweiß · 6 g Fett · 5 g Kohlenhydrate · 1 g Ballaststoffe

Zubereitungszeit: etwa 15 Minuten

• Die Brotscheiben mit der Butter bestreichen. Jede Scheibe in 4 Quadrate schneiden. Den Käse mit Hilfe einer Knoblauchpresse direkt auf die Brotscheibchen drücken oder mit einem Spritzbeutel Rosetten auf die Brote spritzen.
• Die Kresse vom Beet abschneiden, in einem Sieb waschen, gut abtropfen lassen und die Häppchen damit bestreuen.

Preiswert

Sellerie-Trauben-Cocktail

Bild nebenstehend

Zutaten für 4 Portionen:
Saft von 1 Orange · 1 Messerspitze Ingwer, frisch gerieben · je 1 Prise Salz und weißer Pfeffer, frisch gemahlen · 100 g Joghurt · 100 g Sahne · 200 g Knollen- oder Stangensellerie · 200 g blaue Weintrauben · 200 g rotschalige Äpfel · 2 Eßl. Sesamsamen · 1 Orange
Zum Garnieren: Sellerieblättchen
Pro Portion etwa 1000 kJ/240 kcal
5 g Eiweiß · 13 g Fett · 27 g Kohlenhydrate · 4 g Ballaststoffe

Zubereitungszeit: etwa 20 Minuten

• Den Orangensaft mit dem Ingwer, dem Salz, dem Pfeffer und dem Joghurt verrühren. Die Sahne steif schlagen und darunterziehen.
• Den Sellerie waschen, schälen und grob raspeln, Stangensellerie in Streifen schneiden, sofort in die Marinade geben und vermischen.
• Die Weintrauben heiß waschen und halbieren, wenn nötig entkernen. Die Äpfel gründlich waschen, vom Kerngehäuse befreien und mit der Schale in kleine Stückchen schneiden.
• Die Traubenhälften und die Apfelstückchen unter den Salat heben. In vier Cocktailschalen verteilen.
• Die Sesamsamen in einer trockenen Pfanne rösten, bis sie angenehm duften. Die Cocktails damit bestreuen.
• Die Orange sorgfältig schälen und in Segmente teilen. Die Cocktails mit den Orangenstücken und Sellerieblättchen garnieren. Wenn die Orange unbehandelt ist, kann man auch ungeschälte Scheiben für die Garnitur verwenden.

Preiswert · Schnell

Käsetoast mit Radieschen

Zutaten für 4 Portionen:
4 Scheiben Vollkorntoastbrot · 40 g Butter · 1 runder Camembertkäse (100 g) · 1 Ei · 1 Bund Radieschen · 100 g Sahnequark (40% Fett i. Tr.) · 1 Bund Schnittlauch
Pro Portion etwa 1100 kJ/260 kcal
12 g Eiweiß · 19 g Fett · 12 g Kohlenhydrate · 2 g Ballaststoffe

Zubereitungszeit: etwa 15 Minuten

• Die Brotscheiben toasten, der Käsegröße entsprechend rund schneiden und mit der Butter bestreichen. Den Käse waagerecht in 4 runde Scheiben schneiden und je 1 Scheibe Käse auf die Toastbrote legen.
• Das Ei hart kochen, abschrecken, schälen und abkühlen lassen.
• Die Radieschen waschen und putzen, 4 Stück für die Garnierung beiseite legen, die restlichen in winzig kleine Würfel schneiden. Den Quark mit den Radieschenwürfelchen mischen und auf die Toastbrote häufen.
• Den Schnittlauch gründlich waschen, trockenschütteln, kleinschneiden und die Toastbrote damit bestreuen.
• Das Ei in Achtel teilen. Die Toasts auf einer Platte anrichten. Mit den ganzen Radieschen und den Eiachteln garnieren.

Vitaminreiche Cocktails mit einer leichten Sauce sind ideal, wenn Sie zwischendurch oder als Vorspeise etwas Raffiniertes servieren wollen. Das Rezept für den pikant-fruchtigen Sellerie-Trauben-Cocktail finden Sie auf dieser Seite. ▷

Ganz einfach · Für Gäste

Canapé-Varianten

Zutaten für 10 Canapés:
10 Scheiben Vollkornroggenbrot · 100 g Käsebutter (Rezept Seite 59) · 1 Bund Radieschen · 2 Zweige Petersilie
Pro Stück etwa 610 kJ/150 kcal
6 g Eiweiß · 8 g Fett · 17 g Kohlenhydrate · 3 g Ballaststoffe

Zubereitungszeit: etwa 10 Minuten

- Aus den Brotscheiben runde Stücke ausstechen (mit einem Plätzchen- oder Pastetenausstecher). Die Scheibchen dick mit Käsebutter bestreichen.
- Die Radieschen putzen, waschen und in Scheiben schneiden. Die Radieschenscheiben kreisförmig auf die Brote legen. Die Petersilie waschen, trockenschütteln und fein hacken. In die Mitte der »Radieschenblumen« etwas gehackte Petersilie streuen.

◁ Mit Gorgonzola-Nuß-Quark in Mürbeteigschiffchen können Sie auch Vollwert-Neulinge überraschen und überzeugen. Von links nach rechts: Die Schiffchen-Formen gründlich einfetten; in die mit Sesam ausgestreuten Förmchen passende Teigstücke legen; die überstehenden Teigränder sorgfältig abschneiden; die Quarkmischung in die gebackenen Teigschiffchen spritzen; mit Walnußkernen und Petersilie garnieren; die Schiffchen mit Salatblättern hübsch anrichten. Rezept Seite 12.

Vorschläge für Häppchen und Canapés

- Brotecken mit Tomatenbutter (Rezept Seite 58) bestreichen und mit sehr fein geschnittenem Schnittlauch bestreuen. Oder statt Schnittlauch gehackte Pistazien oder Oliven verwenden.
- Auf kleine Brotscheiben oder -ecken Frischkäse spritzen und mit einem Kerbel- oder Petersiliensträußchen garnieren.
- Brotscheiben mit Butter und Senf bestreichen, dünne Camembertscheibchen darauflegen und mit gehackten Walnüssen oder Sesamsamen bestreuen.
- Brotscheiben mit Frischkäse bestreichen, eine Tomatenscheibe darauflegen und mit feingehackter Zwiebel bestreuen.
- Frischkäse oder Quark (20%) mit einem Schneebesen glattrühren, feinwürflig geschnittene Radieschen hineinmischen und in einen Spritzbeutel mit glatter Tülle geben. Auf die Brotscheiben einen Kranz spritzen und in die Mitte ein Petersiliensträußchen setzen.
- Brotscheiben mit Roquefortkäse bestreichen und mit Avocadoscheibchen belegen.
- Brotscheiben mit Butter bestreichen, 1 Tomatenscheibe darauflegen. Frischkäse in einen Spritzbeutel mit dünner, glatter Tülle füllen und damit verstreut kleine Tupfer auf die Tomatenscheiben spritzen.
- Schaumig gerührte Butter in einen Spritzbeutel mit dünner, glatter Tülle füllen. Damit auf rund ausgestochene Brotscheiben oder Vollkorntoastscheibchen einen dünnen Rand spritzen. In den Innenraum winzig klein geschnittene Gurken-, Tomaten-, Ei-, Karotten- oder Avocadowürfel geben.

Wertstoffreiche Frischkost, sei es ein Müsli oder ein Salat, belebt zu jeder Tageszeit. Einige feine Ideen für Müslis finden Sie auch noch im Kapitel »Kleiner Empfang am Vormittag« auf den Seiten 91-93. Wichtig ist, daß jede Frischkost sofort nach der Zubereitung serviert wird, damit die Vitamine erhalten bleiben und sie sich nicht verfärbt.

Ganz einfach · Schrot am Tag zuvor eingeweicht

Dinkelmüsli mit Weintrauben

Zutaten für 4 Portionen:
8-12 Eßl. Dinkel · 120-150 ccm Wasser · 2 Birnen · 2 Äpfel · ½ Zitrone · 4 Eßl. Sesamsamen · 150 g Schwedenmilch oder saure Sahne · 100 g Weintrauben oder anderes frisches Obst
Pro Portion etwa 1300 kJ/310 kcal
9 g Eiweiß · 11 g Fett · 46 g Kohlenhydrate · 10 g Ballaststoffe

Quellzeit: 8-12 Stunden (über Nacht)
Zubereitungszeit: etwa 15 Minuten

- Den Dinkel grob schroten, mit dem Wasser in einer Schüssel anrühren und über Nacht an einem kühlen Platz oder im Kühlschrank zugedeckt quellen lassen.
- Am anderen Tag die Birnen und die Äpfel gründlich waschen, vierteln, vom Kerngehäuse befreien und mit der Schale grob in den Dinkelbrei raspeln.
- Die Zitrone frisch auspressen und den Saft über die Birnen- und Apfelraspel gießen. Den Sesamsamen und die Schwedenmilch oder saure Sahne dazugeben und alles miteinander mischen.
- Das Dinkelmüsli in vier kleine Schüsseln füllen. Die Weintrauben waschen, abzupfen und die Müsliportionen damit garnieren.

Um Rohkost vor Vitaminverlust zu bewahren, wird Geraspeltes sofort weiterverarbeitet. Die Reibe sollte immer aus rostfreiem Material sein.

Ganz einfach · Schrot am Tag zuvor eingeweicht

Weizenmüsli mit Joghurt und Obst

Zutaten für 4 Portionen:
8-12 Eßl. Weizen · 120-150 ccm kaltes Wasser · ½ Zitrone · 1 Banane · 1 Birne · 2 Äpfel · 100 g Sahne · 100 g Joghurt · 2 Eßl. Walnußkerne, frisch gehackt
Pro Portion etwa 1600 kJ/380 kcal
8 g Eiweiß · 15 g Fett · 51 g Kohlenhydrate · 10 g Ballaststoffe

Quellzeit: 8-12 Stunden (über Nacht)
Zubereitungszeit: etwa 15 Minuten

- Am Vorabend die Weizenkörner grob schroten, in einer Schüssel mit dem Wasser verrühren, zudecken und kühl stellen.

• Am anderen Morgen 1 Eßlöffel Zitronensaft frisch auspressen und in den Weizenbrei rühren.
• Die Banane schälen und in kleine Stücke schneiden. Die Birne und die Äpfel gründlich waschen, vierteln, vom Kerngehäuse befreien und in kleine Stücke schneiden oder grob raspeln. Das Obst unter den Schrotbrei mischen.
• Die Sahne steif schlagen. Den Joghurt unter die Sahne heben. Die Masse über das Müsli verteilen und die Walnüsse darüberstreuen.

Ganz einfach · Pflaumen am Tag zuvor eingeweicht

Frischkornbrei im Winter

Zutaten für 4 Portionen:
12 Trockenpflaumen ohne Stein · 12 Eßl. Hafer · 1 Tasse Wasser · 4 Äpfel · 4 Eßl. Haselnußkerne · 1 Zitrone
Pro Portion etwa 1700 kJ/400 kcal
8 g Eiweiß · 13 g Fett · 64 Kohlenhydrate · 12 g Ballaststoffe

Quellzeit: 8–12 Stunden (über Nacht)
Zubereitungszeit: etwa 15 Minuten

• Die Trockenpflaumen heiß waschen und mit Wasser über Nacht zugedeckt einweichen.
• Am nächsten Tag den Hafer grob schroten. Den Schrot mit dem Wasser zu einem Brei verrühren.
• Die Äpfel gründlich waschen, vierteln, vom Kerngehäuse befreien und mit den Nüssen grob raspeln. Die Zitrone auspressen und die Äpfel sofort mit dem Zitronensaft beträufeln.
• Die Pflaumen aus dem Wasser nehmen, 4 davon für die Garnierung zurücklegen. Die übrigen Pflaumen in feine Streifen schneiden.
• Den Haferbrei mit der Apfel-Nuß-Masse und den Pflaumenstreifen vermischen. Den Frischkornbrei mit den restlichen Pflaumen (ganz oder halbiert) garnieren.

Tip: Die sehr fetthaltigen Haferkörner lassen sich leichter schroten, wenn man sie zuvor darrt, das heißt, in einer Pfanne trocken röstet, bis sie anfangen zu duften, oder wenn man sie über Nacht einfriert.

Braucht etwas Zeit

Keimsprossenmüsli

Dies ist das »Frischkorn-Frühstück« nach Dr. Evers. Sollten Ihnen die gekeimten Weizenkörner beim Kauen unangenehm sein, können Sie sie auch im Mixer oder mit dem Mixstab zerkleinern.

Zutaten für 4 Portionen:
8 Eßl. Weizenkeimlinge aus 150 g Weizen (siehe Seite 9) · 1 Banane · 1 Orange · 2 Äpfel · 2 Eßl. Sonnenblumenkerne · 2 Eßl. ungeschwefelte Rosinen · 4 Eßl. Sahne
Pro Portion etwa 1400 kJ/330 kcal
9 g Eiweiß · 8 g Fett · 55 g Kohlenhydrate · 11 g Ballaststoffe

Zubereitungszeit: etwa 15 Minuten

• Die Weizenkeimlinge unter fließendem kaltem Wasser abbrausen und abtropfen lassen.
• Die Banane und die Orange schälen und in kleine Stücke schneiden. Die Äpfel gründlich waschen, vierteln, vom Kerngehäuse befreien und grob raspeln.
• Die Sonnenblumenkerne in einer trockenen Pfanne rösten, bis sie angenehm duften.

• Die Weizenkeimlinge mit dem Obst und den Rosinen in einer Schüssel verrühren. Die Sahne darübergießen und das Müsli mit den Sonnenblumenkernen bestreuen.

Tip: Rosinen sollten vor der Verwendung von Staub und Schmutz befreit werden; sie werden heiß gewaschen und bei Nachwärme im Backofen getrocknet. Man kann sie gut für 1 Woche auf Vorrat vorbereiten. Sonnenblumenkerne kann man auf Vorrat rösten, das spart Zeit und Energie; man kann sie dann noch 6–8 Tage aufbewahren.

Preiswert

Weißkraut-Karotten-Rohkost

Zutaten für 4 Portionen:
3 Eßl. Sonnenblumenkerne · 500 g Weißkraut · 250 g Karotten/Möhren · 2 Orangen · 150 g saure Sahne · 150 g Joghurt · 1 Messerspitze Kräutersalz · Saft von ½ Zitrone · 1 Messerspitze gemahlener Ingwer · 3 Eßl. gemischte Kräuter (Petersilie, Kerbel, Dill), frisch gehackt
Zum Garnieren: etwas Zitronenmelisse
Pro Portion etwa 950 kJ/230 kcal
9 g Eiweiß · 11 g Fett · 22 g Kohlenhydrate · 9 g Ballaststoffe

Zubereitungszeit: etwa 30 Minuten

• Die Sonnenblumenkerne in einer trockenen Pfanne rösten, bis sie angenehm duften; dann beiseite stellen.
• Vom Weißkraut die äußeren Blätter entfernen, den Krautkopf halbieren und den Strunk herausschneiden, das Kraut fein schneiden oder hobeln, dann waschen und gründlich abtropfen lassen.
• Die Karotten unter fließendem Wasser gründlich bürsten und auf einer Gemüseraffel grob raspeln. Die Orangen sorgfältig schälen und das Fruchtfleisch in kleine Würfel schneiden.
• Für die Marinade die saure Sahne mit dem Joghurt, dem Kräutersalz, dem Zitronensaft und dem Ingwerpulver verrühren. Die Kräuter daruntermischen.
• Die Marinade über den Salat gießen und darunterheben. Den Salat mit den Sonnenblumenkernen bestreuen und mit Zitronenmelisse garnieren.

Tip: Karotten sind eine besonders geschätzte Möhrensorte. Natürlich können Sie statt Karotten immer auch junge, zarte und vor allem frische andere Möhren verwenden.

Braucht etwas Zeit

Weißkrautsalat mit Linsensprossen

Zutaten für 4 Portionen:
70 g Linsen · 250 g Weißkraut · ½ frische Ananas · 250 g Magerquark · 100 g Sahne · ½ Teel. Salz · 1 Messerspitze Pfeffer, frisch gemahlen · Saft und abgeriebene Schale von 1 unbehandelten Zitrone
Zum Garnieren: 1 Sträußchen Kresse
Pro Portion etwa 1300 kJ/310 kcal
15 g Eiweiß · 9 g Fett · 44 g Kohlenhydrate · 7 g Ballaststoffe

Einweichzeit: 8–12 Stunden
Keimzeit: 2–3 Tage
Zubereitungszeit: etwa 20 Minuten

• Die Linsen waschen und mit Wasser bedeckt 8–12 Stunden stehen lassen.

• Danach die Linsen auf ein Sieb schütten, abtropfen lassen und in einem Keimgerät in 2–3 Tagen zum Keimen bringen (siehe auch Seite 9); dabei täglich 2- bis 3mal mit frischem Wasser überspülen.
• Für den Salat das Weißkraut putzen, waschen und fein schneiden. Die Ananas schälen und das Fruchtfleisch in Würfel schneiden, dabei das holzige Innere entfernen.
• Die Linsensprossen dazugeben. Mit den Weißkrautstreifen und den Ananaswürfeln mischen.
• Den Quark mit der Sahne, dem Salz, dem Pfeffer, dem Zitronensaft und der abgeriebenen Zitronenschale zu einer Marinade verrühren; diese über die Salatzutaten gießen und darunterheben. Mit der Kresse garnieren.

Ganz einfach · Für Gäste

Gemüsesalat mit Joghurtsauce

Dieser Salat eignet sich sehr gut als Vorspeise. Sie können ihn aber auch als Zwischenmahlzeit mit Vollkorntoast servieren oder für ein kaltes Buffet einplanen.

Zutaten für 4 Portionen:
100 g tiefgefrorene Erbsen · 100 g Bleichsellerie · 3 Mandarinen · 1 Staude Chicorée · 100 g Joghurt · 100 g Crème fraîche · je 1 Messerspitze Salz, Pfeffer, frisch gemahlen und Ingwer, frisch gerieben · Saft von ½ Zitrone · Saft von ½ Orange
Zum Garnieren: 1 kleiner Zweig Minze
Pro Portion etwa 720 kJ/170 kcal
5 g Eiweiß · 11 g Fett · 13 g Kohlenhydrate · 4 g Ballaststoffe

Auftauzeit: etwa 30 Minuten
Zubereitungszeit: etwa 20 Minuten

• Die Erbsen zugedeckt auftauen lassen.
• Den Bleichsellerie putzen, waschen und quer in ½ cm breite Streifen schneiden. Zarte Blätter für die Garnierung zurückbehalten.
• Die Mandarinen sorgfältig schälen und in Segmente teilen. Den Chicorée waschen, der Länge nach halbieren, den bitteren Keil herausschneiden und die Blätter in 2 cm dicke Streifen schneiden.
• Alle Salatzutaten in einer Schüssel mischen.
• Aus dem Joghurt, der Crème fraîche, dem Salz, dem Pfeffer, dem Ingwerpulver, dem Zitronen- sowie dem Orangensaft eine glatte Sauce rühren. Die Joghurtsauce behutsam unter den Salat heben. Mit der Minze und den Bleichsellerieblättern garnieren.

Tip: Tiefgefrorene Erbsen sind meist von guter Qualität und eine Alternative zu frischen, jungen Erbsen, die nur eine sehr kurze Erntezeit haben und deshalb auf dem Gemüsemarkt selten frisch angeboten werden.

Ganz einfach · Für Gäste

Tomatensalat auf Spinat

Bild Umschlag-Vorderseite

Zutaten für 4 Portionen:
200 g junge Spinatblätter · 1 Zwiebel · 4 Fleischtomaten · 200 g Mozzarellakäse · 1 Bund Basilikum · je 1 Messerspitze Salz und schwarzer Pfeffer, frisch gemahlen · 4 Eßl. Olivenöl
Pro Portion etwa 1000 kJ/240 kcal
13 g Eiweiß · 17 g Fett · 8 g Kohlenhydrate · 6 g Ballaststoffe

Zubereitungszeit: etwa 15 Minuten

- Den Spinat putzen, waschen und auf einem Sieb abtropfen lassen. Große Blätter in Streifen schneiden, kleine ganz lassen. Die Blätter auf einer Salatplatte ausbreiten. Die Zwiebel schälen, feinwürfelig schneiden und die Würfel über den Spinat streuen.
- Die Tomaten waschen und in Scheiben schneiden, dabei die Stielansätze entfernen. Den Mozzarellakäse in Scheiben schneiden und abwechselnd mit den Tomatenscheiben auf dem Spinat anrichten.
- Das Basilikum waschen, 1 Zweig beiseite legen, den Rest fein schneiden und mit dem Salz, dem Pfeffer sowie dem Öl zu einer Salatsauce verrühren.
- Die Sauce über den Salat gießen. Mit dem Basilikumzweig garnieren.

Ganz einfach

Bunte Blumenkohlrohkost

Zutaten für 6 Portionen:
200 g Blumenkohl · 150 g Salatgurke · 150 g Karotten/Möhren · 100 g Sahne · je 1 Messerspitze Salz, Pfeffer, frisch gemahlen, Senf und Curry oder Kurkuma · 50 g Haselnußkerne, frisch gehackt · 2 Eßl. Walnußöl · ½ Bund Petersilie
Pro Portion etwa 620 kJ/150 kcal
3 g Eiweiß · 13 g Fett · 5 g Kohlenhydrate · 3 g Ballaststoffe

Zubereitungszeit: etwa 30 Minuten

- Den Blumenkohl waschen und in sehr kleine Röschen teilen oder grob raspeln. Die Gurke und die Karotten gründlich waschen beziehungsweise abbürsten und in streichholzfeine Streifen (Julienne) schneiden.
- Die Sahne steif schlagen und mit dem Salz, dem Pfeffer, dem Senf sowie dem Curry oder Kurkuma würzen. Die Nüsse und das Öl mit der gewürzten Sahne verrühren.
- Die Petersilie waschen, trockenschütteln, fein hacken und in das Dressing geben. Das Dressing vorsichtig unter die Salatzutaten heben.

Das paßt dazu: Körnerfladen (Rezept Seite 48).

Schnell · Ganz einfach

Sellerie-Apfel-Salat

Zutaten für 4 Portionen:
4 Stangen Bleichsellerie · 2 Äpfel (möglichst mit roter Schale) · 2 Eßl. Walnußkerne, frisch gehackt · 3–4 Eßl. Salatmayonnaise (Rezept Seite 55), ersatzweise aus dem Glas (Reformhaus)
Pro Portion etwa 735 kJ/175 kcal
3 g Eiweiß · 15 g Fett · 12 g Kohlenhydrate · 5 g Ballaststoffe

Zubereitungszeit: etwa 10 Minuten

- Die Selleriestangen waschen und in feine Streifen schneiden. Die Äpfel waschen, vierteln, vom Kerngehäuse befreien und mit der Schale grob raspeln oder in kleine Stückchen schneiden.
- Die Sellerie- und Apfelstückchen sowie die Nüsse sofort unter die Mayonnaise mischen.

Variante: Statt Stangensellerie (Bleichsellerie) können Sie auch Knollensellerie verwenden. Er wird in streichholzfeine Stifte geschnitten.

Braucht etwas Zeit · Für Gäste · Gerste vorgekeimt

Vitaminplatte mit Schafkäse

Bild 2. Umschlagseite

Zutaten für 4 Portionen:
Für die Marinade: 1 Ei · 50 g gemischte Kräuter (Schnittlauch, Petersilie, Kerbel, Dill, Basilikum, Borretsch) · 2 Eßl. Obstessig · 4 Eßl. Olivenöl · 1 Messerspitze Kräutersalz · 1 Prise weißer Pfeffer, frisch gemahlen · 1 Messerspitze Senfpulver oder 1 Teel. Senf
Für die Salatplatte: 1 kleiner Kopfsalat · 100 g Radieschen · 100 g Salatgurke · 1 grüne Paprikaschote · 1 kleine Zwiebel · 100 g Tomaten · 100 g Schafkäse · 2 Eßl. Gerstenkeimlinge aus 40 g Gerste (siehe Seite 9)
Zum Garnieren: 10 schwarze Oliven
Pro Portion etwa 1000 kJ/240 kcal
9 g Eiweiß · 18 g Fett · 11 g Kohlenhydrate · 4 g Ballaststoffe

Zubereitungszeit: etwa 30 Minuten

- Das Ei hart kochen, abschrecken, schälen und in kleine Würfel schneiden. Die Kräuter waschen, trockenschütteln und fein hacken.
- Den Obstessig, das Öl, das Kräutersalz, den Pfeffer und das Senfpulver oder den Senf miteinander verrühren, bis sich das Salz völlig aufgelöst hat. Die Eiwürfel und die Kräuter in die Marinade geben.
- Vom Salatkopf das Stielende abschneiden, welke Blätter entfernen, den Kopf in einzelne Blätter zerlegen, diese gründlich waschen und gut abtropfen lassen. Eine große Platte mit den Salatblättern auslegen.
- Die Radieschen mit den Blättern und die Salatgurke mit Schale gut waschen. Die Radieschenblätter abschneiden, die zarten inneren Blättchen quer in schmale Streifen schneiden. Die Radieschen und die Gurke in dünne Scheiben schneiden.
- Die Paprikaschote halbieren, die weißen Trennwände und Kerne entfernen. Die Schotenhälften gut waschen und in kleine Würfel schneiden. Die Zwiebel schälen und ebenfalls klein würfeln.
- Die Tomaten waschen, halbieren, den grünen Stielansatz herausschneiden und das Fruchtfleisch in Achtel oder in grobe Würfel schneiden.
- Die vorbereiteten Salatzutaten auf die ausgelegten Salatblätter verteilen und die Marinade darübergießen.
- Den Schafkäse grob raspeln und mit den Gerstenkeimlingen über den Salat streuen. Mit den Oliven garnieren.

Tip: Das Raspeln von Schafkäse geht am besten mit einer kleinen Handraspel (Reibe-Mouli); man raspelt den Käse direkt über den Salat.

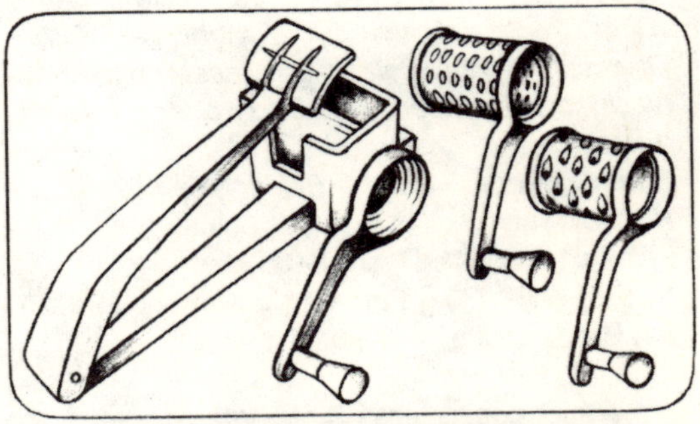

Mit dem praktischen Reibe-Mouli (mit verschiedenen Einsätzen) geht das Zerkleinern vieler Zutaten wirklich im Handumdrehen.

Salate zum Sattwerden

Wenn die Familie im Sommer kalt essen will oder wenn Sie eine größere Gästeschar zu einer Party erwarten, sind Salate, die satt machen, genau das Richtige. Die Rezepte in diesem Kapitel lassen sich problemlos vervielfältigen und vor allem auch meist rechtzeitig vorbereiten. Manche schmecken erst richtig gut, wenn sie durchgezogen sind. Zu einem oder mehreren Salaten reicht es meist, wenn Sie noch Brot oder Brötchen und Getränke vorbereiten. Natürlich passen die Salate auch auf ein großes kaltes Buffet.

Preiswert

Wirsing-Käse-Salat

Zutaten für 4 Portionen:
300 g Wirsing · 200 g Karotten/Möhren · 150 g Lauch · 150 g Birnen · 150 g Albkäse, ersatzweise Emmentaler Käse · 3 Eßl. Zitronensaft · 100 g Crème fraîche · 100 g Joghurt · 2 Eßl. Olivenöl · ½ Teel. Salz · je 1 Messerspitze Pfeffer, frisch gemahlen, und Curry oder Kurkumapulver
Zum Garnieren: 1 Ei · 1 Eßl. schalenlose grüne Kürbiskerne
Pro Portion etwa 1700 kJ/400 kcal
19 g Eiweiß · 30 g Fett · 14 g Kohlenhydrate · 5 g Ballaststoffe

Zubereitungszeit: etwa 30 Minuten

• Die Wirsingblätter waschen, von dicken Blattrippen befreien, auf einem Sieb abtropfen lassen und dann in feine Streifen schneiden.
• Die Karotten und den Lauch putzen und waschen. Den Lauch in feine Ringe schneiden. Die Birnen waschen, halbieren und das Kerngehäuse herausschneiden.
• Die Karotten, den Käse und die Birnen in sehr feine Streifen (Julienne) schneiden und sofort mit dem Zitronensaft beträufeln.
• Die Crème fraîche, den Joghurt, das Öl und die Gewürze (Salz, Pfeffer, Curry oder Kurkuma) miteinander verrühren, bis eine cremige Marinade entsteht. Die Marinade über die Salatzutaten gießen und alles gut durchmischen.
• Das Ei hart kochen, abschrecken, schälen und abkühlen lassen, dann in Scheiben schneiden. Den Salat mit den Eischeiben garnieren. Die Kürbiskerne grob hacken und auf die Eischeiben streuen.

Braucht etwas Zeit

Sechskornsalat mit Champignons

Zutaten für 4 Portionen:
200 g Sechskornmischung (aus dem Reformhaus) · 400 ccm Wasser · 1 Teel. gekörnte Gemüsebrühe · 250 g Champignons · je 1 rote und grüne Paprikaschote · 1 Zwiebel · 1 Bund Schnittlauch · 1 Bund Petersilie · je 1 Messerspitze Salz und schwarzer Pfeffer, frisch gemahlen · 3 Eßl. Olivenöl · 2 Eßl. Balsamessig · 1 Eßl. gefriergetrockneter grüner Pfeffer
Zum Garnieren: 1 Tomate
Pro Portion etwa 1000 kJ/240 kcal
9 g Eiweiß · 9 g Fett · 34 g Kohlenhydrate · 8 g Ballaststoffe

Quell- und Garzeit: 2–3 Stunden
Zubereitungszeit: etwa 20 Minuten
Kühlzeit: etwa 1 Stunde

• Die Sechskornmischung in ein Sieb schütten und unter fließendem Wasser waschen. Die Körner mit dem Wasser und der gekörnten Brühe in

einen Topf geben und zugedeckt 2 Stunden stehen lassen.
• Danach den Topf auf den Herd stellen und den Inhalt zum Kochen bringen. Die Temperatur auf kleinste Stufe zurückstellen und die Mischung quellen lassen, bis das Wasser vollkommen aufgenommen worden ist und die Körner weich sind.
• Die Champignons putzen, waschen und blättrig schneiden. Die Paprikaschoten halbieren, weiße Rippen und Kerne sorgfältig entfernen. Die Schotenhälften waschen und in kleine Würfel schneiden.
• Die Zwiebel schälen und in feine Würfel schneiden. Den Schnittlauch und die Petersilie waschen, mit Küchenkrepp abtrocknen und fein hacken.
• Alle vorbereiteten Salatzutaten miteinander vermischen.
• Das Salz mit dem schwarzen Pfeffer, dem Öl, dem Essig und den grünen Pfefferkörnern verrühren und über den Salat gießen; gut durchmischen und etwa 1 Stunde durchziehen lassen.
• Die Tomate von der Mitte zum Stielansatz dünn schälen, so daß die Schale sich um die Frucht nach außen rollt. Eventuell noch die Tomate kreuzweise einschneiden. Die Tomatenrosette auf dem Salat in die Mitte setzen.

Preiswert · Alfalfa vorgekeimt

Getreidesalat mit Paprika

Bild Seite 45

Zutaten für 4 Portionen:
¾ l Wasser · 1 Teel. gekörnte Gemüsebrühe · 150 g Roggen oder Grünkern · 1 Bund Radieschen · 1 kleine Stange Lauch · eventuell 100 g Feldsalat · 2 Eßl. Balsamessig · 3 Eßl. Sonnenblumenöl · je 1 Messerspitze Salz und Pfeffer, frisch gemahlen · 3 grüne Paprikaschoten · 1 Tasse Alfalfasprossen (siehe Seite 9) · 1 Ei
Pro Portion etwa 1000 kJ/240 kcal
10 g Eiweiß · 10 g Fett · 28 g Kohlenhydrate · 9 g Ballaststoffe

Zubereitungszeit: etwa 40 Minuten

• Das Wasser in einem Topf mit der Gemüsebrühe und den Roggen- oder Grünkernkörnern zum Kochen bringen und etwa 20 Minuten garen, bis sie weich sind. Danach das Wasser abgießen und die Körner auskühlen lassen.
• Inzwischen die Radieschen waschen, von Wurzeln und Kraut befreien und kleinwürfelig oder in Stücke schneiden. Den Lauch putzen, gründlich waschen und in feine Ringe schneiden. Nach Belieben den Feldsalat putzen, waschen und trockenschwenken.
• Den Essig und das Öl mit dem Salz sowie dem Pfeffer in einer Schüssel verrühren. Die Sauce mit den Roggenkörnern, den Radieschenwürfeln und den Lauchringen mischen.
• Die Paprikaschoten der Länge nach halbieren, die weißen Rippen und Kerne herausschneiden. Die Schoten waschen und jede Hälfte in 3 gleich große Streifen schneiden.
• Den Salat in eine Salatschale füllen, die Paprikastreifen an den Rand oder um den Salat legen oder stecken und die Alfalfasprossen auf dem Salat anrichten.
• Das Ei hart kochen, abschrecken, schälen und längs in Viertel oder Achtel teilen. Den Salat mit den Eistücken und nach Belieben mit dem Feldsalat garnieren.

Tip: Wenn ich bei Pfeffer keine nähere Angabe gemacht habe, überlasse ich es Ihrem Geschmack, ob Sie lieber schwarzen oder weißen verwenden wollen. Ich mische auch gerne beide Sorten. Bei »hellen« Salaten empfiehlt es sich jedoch, mit weißem Pfeffer zu würzen.

Braucht etwas Zeit

Reissalat mit Ananas

Zutaten für 6 Portionen:
300 ccm Wasser · 150 g Naturreis · 200 g tiefgefrorene Erbsen · 1 frische Ananas · 200 g Champignons · 1 Zwiebel · 1 Teel. Meerrettich, frisch gerieben · ½ Teel. Salz · 1 Prise Cayennepfeffer · 2 Eßl. Obstessig · 150 g saure Sahne · ½ Bund Petersilie
Pro Portion etwa 1300 kJ/310 kcal
7 g Eiweiß · 4 g Fett · 62 g Kohlenhydrate · 8 g Ballaststoffe

Gar- und Quellzeit: 30–40 Minuten
Zubereitungszeit: etwa 30 Minuten

- Das Wasser in einem Topf zum Kochen bringen. Den Reis im Sieb kalt waschen, in das kochende Wasser geben und einmal aufkochen lassen. Dann die Temperatur zurückschalten und den Reis bei schwacher Hitze quellen lassen, bis er weich ist (je nach Sorte etwa 35 Minuten).
- Inzwischen die Erbsen zugedeckt auftauen lassen.

So wird die Ananas geschält. Die »Augen« lassen sich besonders leicht mit diagonalen Schnitten heraustrennen; es geht aber auch mit einem spitzen Messer.

- Die Ananas schälen, die holzige Mitte und die Keimansätze (»Augen«) entfernen. Das Fruchtfleisch in kleine Würfel schneiden. Die Champignons putzen, waschen und blättrig schneiden. Die Zwiebel schälen und in feine Würfel schneiden.
- Den Meerrettich, das Salz, den Cayennepfeffer, den Essig und die saure Sahne zu einer Sauce verrühren.
- Die Salatzutaten (Reis, Erbsen, Ananas, Champignons und Zwiebel) in einer Schüssel mit der Salatsauce mischen. Die Petersilie waschen, trockenschütteln, fein hacken und über den Salat streuen.

Reis am Tag zuvor eingeweicht

Birnen-Reis-Salat mit Käsedressing

Zutaten für 4 Portionen:
200 g Naturreis · 400 ccm Wasser
Für das Dressing: 100 g Blauschimmelkäse · 150 g Crème fraîche · 3–4 Eßl. Joghurt · Saft von ½ Zitrone · 2 Eßl. gemischte Kräuter (Petersilie, Kerbel, Basilikum, Zitronenmelisse), frisch gehackt · 1 Teel. frischer Ingwer, feingeschnitten oder gerieben · je 1 Messerspitze Salz und weißer Pfeffer, frisch gemahlen · 50 g Walnußkerne, frisch gehackt
Für den Salat: 4 Birnen · 4 Kopfsalatblätter · 4 Zweige Zitronenmelisse
Pro Portion etwa 2500 kJ/600 kcal
13 g Eiweiß · 33 g Fett · 60 g Kohlenhydrate · 9 g Ballaststoffe

Einweichzeit: 4–5 Stunden oder über Nacht
Garzeit für den Reis: 25–30 Minuten; ohne Einweichen 35–45 Minuten
Zubereitungszeit: etwa 15 Minuten

• Den Reis waschen, auf einem Sieb abtropfen lassen und mit dem Wasser einweichen.
• Nach 4-5 Stunden oder am nächsten Tag den Reis mit dem Einweichwasser zum Kochen bringen und bei schwacher Hitze in 25-30 Minuten ausquellen lassen. Ohne Vorquellen benötigt der Reis 35-45 Minuten Garzeit.
• Inzwischen für das Dressing den Käse mit einer Gabel zerdrücken, dann mit der Crème fraîche, dem Joghurt und dem Zitronensaft verrühren. Die Kräuter, den Ingwer, das Salz, den Pfeffer und die Nüsse unter das Dressing mischen.
• Die Birnen waschen, vom Kerngehäuse befreien und mit der Schale in kleine Würfel schneiden. Sofort in das Dressing geben, damit sie nicht braun werden. Alles über den abgekühlten Reis gießen und daruntermischen.
• Den Birnen-Reis-Salat auf den Salatblättern anrichten und mit Zitronenmelisse garnieren.

Schnell · Für Gäste

Spaghettisalat nach italienischer Art

Bild Umschlag-Rückseite

Zutaten für 4 Portionen:
1 l Wasser · 1 Teel. gekörnte Gemüsebrühe · 150 g Vollkornspaghetti · 2 kleine Zucchini (200 g) · 2 Schalotten · 1 Bund Basilikum · 3 Eßl. Obstessig · 3 Eßl. Olivenöl · je 1 Prise Salz und Pfeffer, frisch gemahlen · 50 g Pinienkerne
Zum Garnieren: 50 g Feldsalat · 4 Tomaten
Pro Portion etwa 1200 kJ/290 kcal
10 g Eiweiß · 15 g Fett · 31 g Kohlenhydrate · 6 g Ballaststoffe

Zubereitungszeit: etwa 20 Minuten

• Das Wasser in einem Topf zum Kochen bringen. Die Gemüsebrühe und die Spaghetti ins Wasser geben und in 8-10 Minuten bißfest (»al dente«) kochen. Die Nudeln auf einem Sieb abtropfen lassen und mit kaltem Wasser abschrecken.
• Die Zucchini waschen und in streichholzfeine Stifte (Julienne) schneiden. Die Schalotten schälen und in kleine Würfel schneiden. Das Basilikum waschen, trockenschütteln und fein hakken.
• Den Essig, das Öl, das Salz, den Pfeffer, die Schalottenwürfel und das Basilikum miteinander verrühren. Die Sauce mit den Nudeln und Zucchinistreifen mischen. Zum Schluß die Pinienkerne daruntermischen.
• Den Feldsalat waschen und putzen, die Tomaten waschen und in Achtel schneiden. Den Nudelsalat damit garnieren.

Tip: Für Salat sollten die Zucchini immer jung und klein sein. Große Früchte schmecken roh leicht holzig; sie werden besser gekocht oder gedünstet als Gemüse verwendet.

Ganz einfach

Nudelsalat mit Lauch und Walnüssen

Zutaten für 4 Portionen:
1 l Wasser · 1 Teel. Salz · 200 g Vollkornspaghetti · 200 g Lauch · 50 g Walnußkerne · ½ Bund Basilikum · 2 Eßl. Olivenöl · 50 g Parmesankäse, frisch gerieben · je 1 Messerspitze Salz und Pfeffer, frisch gemahlen · 2 Eßl. Rotweinessig
Pro Portion etwa 1500 kJ/360 kcal
15 g Eiweiß · 17 g Fett · 36 g Kohlenhydrate · 5 g Ballaststoffe

Zubereitungszeit: etwa 20 Minuten

• Das Wasser mit dem Salz in einem Topf zum Kochen bringen. Die Spaghetti darin »al dente« (bißfest) kochen; das dauert 8–10 Minuten.
• Die Nudeln auf ein Sieb schütten, abtropfen lassen und kurz mit kaltem Wasser überbrausen.
• Den Lauch putzen, gründlich waschen und in feine Ringe schneiden. Die Nüsse grob hacken und mit den Lauchringen auf die Spaghetti geben.
• Das Basilikum waschen, trockentupfen und die Blättchen abzupfen. Das Olivenöl mit dem Käse, den Basilikumblättchen, dem Salz, dem Pfeffer und dem Essig zu einer Marinade verrühren. Über die Salatzutaten gießen und den Nudelsalat gut durchmischen.

Preiswert · Ganz einfach

Bunter Grünkernsalat

Zutaten für 4 Portionen:
1 Ei · 3 Eßl. Sonnenblumenkerne · 100 g Grünkern · 200 ccm Wasser · 1 Fenchelknolle · 2 Karotten/Möhren · 1 Orange · Saft von ½ Zitrone · je 1 Messerspitze Salz und Pfeffer, frisch gemahlen · 4 Eßl. Sonnenblumenöl · 1 Tomate · ½ Bund Kerbel oder Petersilie
Pro Portion etwa 1200 kJ/290 kcal
10 g Eiweiß · 16 g Fett · 28 g Kohlenhydrate · 6 g Ballaststoffe

Garzeit für den Grünkern: etwa 20 Minuten
Zubereitungszeit: etwa 30 Minuten

• Das Ei hart kochen, abschrecken, schälen und abkühlen lassen.
• Die Sonnenblumenkerne in einer trockenen Pfanne rösten, bis sie anfangen zu duften; ebenfalls abkühlen lassen.
• Den Grünkern im Sieb waschen, dann mit dem Wasser in einen Topf geben, zum Kochen bringen und einmal aufkochen lassen. Die Temperatur zurückschalten und den Grünkern bei schwacher Hitze etwa 20 Minuten ausquellen lassen. Die Körner auf ein Sieb schütten und auskühlen lassen.
• Inzwischen die Fenchelknolle putzen, waschen, den Keil in der Mitte herausschneiden und die Knolle in feine Streifen schneiden. Die Karotten putzen, waschen und grob raspeln. Die Orange schälen und auch die weiße, bittere Haut sorgfältig entfernen. Das Fruchtfleisch in Würfel schneiden.
• Die Fenchelstreifen, Karottenraspel und Orangenwürfel in einer Schüssel mit dem Zitronensaft übergießen.
• Den Grünkern mit dem Gemüse vermischen. Mit dem Salz und dem Pfeffer abschmecken. Das Öl darübergießen und alles gründlich durchmischen.
• Den Salat auf eine Platte häufen. Das Ei und die Tomate in Scheiben oder Stücke schneiden. Den Kerbel waschen und trockenschütteln. Den Salat damit garnieren.

Tip: Die Koch- beziehungsweise Quellzeit läßt sich beim Getreide etwa um ein Drittel verkürzen, wenn man es vorher 6–10 Stunden einweicht.

Ganz einfach · Für Gäste

Blumenkohlriese mit Kräutermayonnaise

Zutaten für 6 Portionen:
1 Kopf Blumenkohl · 6 Wachteleier oder 2 Hühnereier · 500 g Karotten/Möhren · Saft von ½ Zitrone · 1 Ei · je 1 Messerspitze Salz, Pfeffer, frisch gemahlen und Senf · 2 Eßl. Essig · ⅛ l Distelöl · 50 g gemischte Kräuter (Petersilie, Schnittlauch, Kerbel, Estragon, Dill, Kresse)
Pro Portion etwa 1200 kJ/290 kcal
8 g Eiweiß · 25 g Fett · 10 g Kohlenhydrate · 8 g Ballaststoffe

Vorbereitungszeit: etwa 20 Minuten
Garzeit: etwa 15 Minuten

• Den Blumenkohl putzen, waschen und etwa 10 Minuten in Biosmon-Wasser (siehe Seite 99) legen. Anschließend den ganzen Kopf im Siebeinsatz über Wasserdampf nicht zu weich kochen (etwa 15 Minuten); er soll noch etwas »Biß« haben. Den Kohl aus dem Topf nehmen und kalt stellen.
• Inzwischen die Wachteleier in kochendes Wasser geben und 2 Minuten kochen; anschließend in kaltem Wasser abschrecken und abkühlen. Hühnereier etwa 10 Minuten kochen.
• Die Karotten putzen, waschen, grob raspeln und mit dem Zitronensaft beträufeln.
• Das Ei mit dem Salz, dem Pfeffer, dem Senf und dem Essig in den Mixer geben, durchmixen. Dann langsam das Öl dazugießen und weitermixen, bis die Mayonnaise dickflüssig geworden ist.
• Die Kräuter waschen, trockenschütteln, kleinschneiden, in die Mayonnaise geben und nochmals durchmixen.
• Den Blumenkohl in die Mitte einer Platte legen, die Karottenraspel als Rand um den Blumenkohl verteilen und die Mayonnaise über den Blumenkohl gießen.
• Die Eier schälen, halbieren oder in Scheiben schneiden und auf den Karotten anrichten.

Etwas teurer

Rotkohlsalat mit Walnüssen

Zutaten für 4 Portionen:
350 g Rotkohl · 2 Orangen · 50 g ungeschwefelte Rosinen · 100 g Walnußkerne · je 2 Eßl. Zitronen- und Orangensaft · 1 Eßl. Akazienhonig · 2 Eßl. Walnußöl · je 1 Messerspitze Salz und Pfeffer, frisch gemahlen
Pro Portion etwa 1300 kJ/310 kcal
7 g Eiweiß · 20 g Fett · 27 g Kohlenhydrate · 6 g Ballaststoffe

Zubereitungszeit: etwa 20 Minuten

• Den Rotkohlkopf putzen und den Strunk herausschneiden. Den Kohl sehr fein hobeln oder schneiden.
• Die Orangen schälen und filetieren (siehe Seite 66). Die Orangenfilets mit den Kohlstreifen und den Rosinen mischen.
• Die Nüsse bis auf einige Kerne für die Garnierung grob hacken.
• Aus dem Zitronen- und Orangensaft, dem Honig, dem Öl, dem Salz und dem Pfeffer eine Marinade rühren. Die gehackten Nüsse dazugeben.
• Die Marinade über den Salat gießen und mischen. Mit den restlichen Nüssen garnieren.

Kalte Suppen und Kaltschalen

Besonders im Sommer, zum Beispiel bei einem Gartenfest, sind kalte Suppen stets willkommen. Sehr dekorativ sieht es aus, wenn Sie die Suppe in Portionsschalen (Sektschalen oder ähnliches) verteilen und auf einer großen Schale mit zerstoßenem Eis anrichten. Sie können auch die Suppenterrine auf Eiswürfel stellen. Auch pikante Drinks (Rezepte auf den Seiten 77, 78) können zusammen mit den Kaltschalen angeboten werden. Die meisten sehen sehr bunt und dekorativ aus.

Preiswert · Schnell

Karottensüppchen mit Sahne

Zutaten für 6 Portionen:
250 g Karotten · 1 l Wasser · 1 Teel. gekörnte Gemüsebrühe · je 1 Messerspitze Salz und Pfeffer, frisch gemahlen · ½ Bund Petersilie · 100 g Sahne
Pro Portion etwa 260 kJ/65 kcal
1 g Eiweiß · 6 g Fett · 3 g Kohlenhydrate · 2 g Ballaststoffe

Zubereitungszeit: etwa 10 Minuten

- Die Karotten putzen, gründlich waschen und bürsten, in Stücke schneiden und mit dem Wasser, der gekörnten Brühe, dem Salz sowie dem Pfeffer im Mixer pürieren, bis die Karotten zu feinem Mus geworden sind.
- Die Suppe in sechs Suppenschalen oder -tassen gießen.
- Die Petersilie waschen, trockenschütteln und fein hacken.
- Die Sahne steif schlagen, in einen Spritzbeutel mit gezackter Tülle füllen und kleine Rosetten auf die Suppe spritzen. Mit der Petersilie bestreuen.

Preiswert · Schnell

Gurkenkaltschale

Zutaten für 4 Portionen:
1 Salatgurke · 1 Zwiebel · 100 g Sahne · 100 g Joghurt · 1 Messerspitze Salz · 1 Messerspitze weißer Pfeffer, frisch gemahlen · 1 Bund Dill
Pro Portion etwa 480 kJ/110 kcal
3 g Eiweiß · 10 g Fett · 6 g Kohlenhydrate · 2 g Ballaststoffe

Zubereitungszeit: etwa 15 Minuten

- Die Gurke heiß waschen und in Würfel schneiden. Die Zwiebel schälen und ebenfalls in Würfel schneiden. Die Gurken- und Zwiebelwürfel im Mixer fein pürieren.
- Die Sahne steif schlagen.
- Das Gurkenmus in eine Schüssel geben. Den Joghurt und die Schlagsahne hineinrühren. Mit dem Salz und dem Pfeffer abschmecken.
- Den Dill waschen, trockenschütteln, fein schneiden und über die Kaltschale streuen.

Schnell · Für Gäste

Avocadokaltschale

Zutaten für 4 Portionen:
4 reife Avocados · Saft von 1 Zitrone · 250 g Sahne · ¼ l Wasser · 1 Teel. gekörnte Gemüsebrühe · 100 ccm Weißwein · 1 Messerspitze Salz · 1 Messerspitze Pfeffer, frisch gemahlen · 1 Bund Dill
Pro Portion etwa 3600 kJ/860 kcal
8 g Eiweiß · 88 g Fett · 7 g Kohlenhydrate · 10 g Ballaststoffe

Zubereitungszeit: etwa 15 Minuten

• Die Avocados schälen, halbieren und den Kern herauslösen. Das Fruchtfleisch durch ein Sieb streichen oder im Mixer pürieren. Sofort mit dem Zitronensaft beträufeln, damit das Mus nicht braun wird.
• Die Sahne steif schlagen.
• Das Wasser mit der gekörnten Brühe, dem Wein, dem Salz und dem Pfeffer verrühren und das Avocadomus dazugeben. Dann die Sahne darunterheben.
• Den Dill waschen, trockenschütteln, fein schneiden und auf die Kaltschale streuen.

Für Gäste

Rohe Tomatensuppe nach italienischer Art

Bild Seite 35

Zutaten für 4 Portionen:
1 kg Tomaten · 2 Schalotten · 3 Knoblauchzehen · ½ Teel. Salz · 1 Messerspitze schwarzer Pfeffer, frisch gemahlen · 2 Teel. gekörnte Gemüsebrühe · 2 Bunde Basilikum · 1 Bund Petersilie · 4 Eßl. Olivenöl
Pro Portion etwa 545 kJ/130 kcal
4 g Eiweiß · 9 g Fett · 10 g Kohlenhydrate · 5 g Ballaststoffe

Zubereitungszeit: etwa 20 Minuten

• Die Tomaten am runden Ende kreuzweise einschneiden, kurz in kochendes Wasser tauchen, mit einer Schöpfkelle herausnehmen und die Haut abziehen. Die Tomaten entkernen und halbieren.
• Die Schalotten sowie die Knoblauchzehen schälen und in Stücke schneiden. Das Tomatenfruchtfleisch mit den zerkleinerten Zwiebeln und Knoblauchzehen im Mixer fein pürieren. Mit dem Salz, dem Pfeffer und der Gemüsebrühe würzen.
• Das Basilikum und die Petersilie waschen, trockenschütteln und fein hacken, einige Blättchen Basilikum zurückbehalten.
• Die Suppe mit den Kräutern verrühren und mit den Basilikumblättchen bestreuen. Am besten auf einer Schale mit Eiswürfeln anrichten.

Braucht etwas Zeit · Für Gäste

Johannisbeerkaltschale mit Schneeklößchen

Zutaten für 4 Portionen:
500 g rote Johannisbeeren · ¼ l Rotwein · ¾ l Kirschsaft · 3–4 Eßl. Akazien- oder Lindenhonig · 2 Eßl. Arrowroot · 1 Messerspitze Delifrut · abgeriebene Schale von ½ unbehandelten Zitrone · 2 Eiweiß · 2 Eßl. Honig
Pro Portion etwa 1200 kJ/290 kcal

5 g Eiweiß · 1 g Fett · 54 g Kohlenhydrate · 5 g Ballaststoffe

Zubereitungszeit: etwa 30 Minuten
Kühlzeit: etwa 2 Stunden

• Die Johannisbeeren waschen und von den Stielen zupfen.
• Den Rotwein, den Kirschsaft, den Honig und das Arrowroot in einem Topf verrühren, bis sich das Arrowroot mit dem Saft vermischt hat. Die Mischung unter Rühren zum Kochen bringen.
• Das Delifrut und die Zitronenschale dazugeben und den Topf von der Kochstelle nehmen.
• Die Johannisbeeren in die noch warme Masse einrühren. Im Kühlschrank etwa 2 Stunden erkalten lassen.

• Die Eiweiße steif schlagen. Den Honig langsam einfließen lassen und weiter rühren, bis die Schaummasse cremig wird. Mit einem Eßlöffel kleine Klößchen abstechen und auf die Kaltschale setzen; sofort servieren.

Tip: Auch gefrorene Johannisbeeren eignen sich. Man gibt sie noch gefroren in die Kaltschale; das verkürzt die Kühlzeit um etwa 30 Minuten. Johannisbeeren friere ich mit den Stielen ein, denn sie lassen sich in gefrorenem Zustand leichter entstielen.

Schnell · Ganz einfach

Birnenkaltschale

Zutaten für 4 Portionen:
4 reife Birnen · Saft von 1 Zitrone · ¾ l Buttermilch · 4 Meßlöffel Bio-Bin · 2 Eßl. Ahornsirup · 4 Blättchen Zitronenmelisse · 2 Eßl. Mandeln, frisch gehackt
Pro Portion etwa 990 kJ/240 kcal
10 g Eiweiß · 6 g Fett · 37 g Kohlenhydrate · 7 g Ballaststoffe

Zubereitungszeit: etwa 15 Minuten

• Die Birnen schälen, halbieren, vom Kerngehäuse befreien und sofort mit dem Zitronensaft beträufeln. Die Birnenstücke im Mixer pürieren.
• Die Buttermilch dazugießen und das Bio-Bin hineinrühren. Mit dem Ahornsirup abschmekken.
• Die Suppe in Suppenschalen oder Gläser gießen und mit den Melisseblättchen sowie den gehackten Mandeln garnieren.

Braucht etwas Zeit

Kirschkaltschale mit Walnußsahne

Zutaten für 4 Portionen:
½ l ungesüßter Kirschsaft · ½ Stange Zimt · 2 Nelken · 100 g Perltapioka (Sago) · 500 g Süß- oder Sauerkirschen · 100 g Honig · 200 g Sahne · 30 g Walnußkerne
Pro Portion etwa 2100 kJ/500 kcal
5 g Eiweiß · 21 g Fett · 75 g Kohlenhydrate · 3 g Ballaststoffe

Zubereitungszeit: etwa 40 Minuten
Kühlzeit: etwa 2 Stunden

• Den Kirschsaft mit dem Zimt und den Nelken in einem Topf zum Kochen bringen. Unter Rühren die Perltapioka einlaufen lassen und bei schwacher Hitze und häufigem Umrühren in etwa 30 Minuten zu einem glasigen Brei ausquellen lassen.
• Inzwischen die Kirschen waschen und entsteinen; abtropfenden Saft auffangen.
• Die Zimtstange und die Nelken aus dem Sagobrei entfernen. Die Kirschen mit Saft in den Brei geben; nicht mehr kochen. Die Mischung mit dem Honig süßen und in einer Glasschüssel im Kühlschrank etwa 2 Stunden kühlen.
• Die Sahne halb steif schlagen. Die Nüsse grob hacken und unter die Sahne mischen. Die Nußsahne zur Kaltschale servieren.

Tip: Mit tiefgefrorenen entsteinten Kirschen verringert sich die Kühlzeit um etwa 30 Minuten.

Das unverfälschte Tomatenaroma und die »italienische« Würze machen diese rohe Tomatensuppe zu einer besonderen Köstlichkeit. Rezept auf Seite 33. ▷

Kalte Platten, reich garniert

Bei kalten Platten sind Ihrer Phantasie für die Garnierung keine Grenzen gesetzt. Anregungen finden Sie bei den Rezepten dieses Kapitels und auf den Seiten 7, 8. Manches sieht allerdings auf einer großen Platte besonders gut aus, deshalb habe ich einige Rezepte für 8 Portionen berechnet. Wenn Sie für die Familie eine schöne Platte zaubern wollen, läßt sich ohne Schwierigkeit die Menge verringern.
Zu den Platten gehören meist Beilagen wie Brot oder auch Saucen und Dips. Wenn Sie genügend Zeit haben, sollten Sie Brot oder Brötchen selber backen (siehe Seiten 48, 85, 93ff.). Saucen, Dips und Brotaufstriche finden Sie auf den Seiten 54–62.

Braucht etwas Zeit · Mungobohnen vorgekeimt

Vegetarischer Aufschnitt

Dieser Aufschnitt sieht ganz »echt« aus. Sie brauchen dafür einen Papierdarm von etwa 35 cm Länge, den Sie im Fleischer-Fachhandel bekommen.

Zutaten für 6 Portionen:
50 g Mungobohnensprossen aus 25 g Mungobohnen (siehe Seite 9) · 2 Zwiebeln · 1 Eßl. Butter · 300 g Vollkorntoastbrot · 350 ccm Buttermilch · 3 Eier · 50 g gemischte Kräuter nach Belieben · je 1 Messerspitze Salz, Pfeffer, frisch gemahlen und Muskatnuß, frisch gerieben · 2 l Wasser
Pro Portion etwa 830 kJ/200 kcal
10 g Eiweiß · 7 g Fett · 25 g Kohlenhydrate · 4 g Ballaststoffe

Keimzeit: 3–5 Tage
Vorbereitungszeit: etwa 20 Minuten
Garzeit: etwa 35 Minuten
Kühlzeit: etwa 1 Stunde

- Die Mungobohnen 3–4 Stunden in Wasser einweichen und anschließend 3–5 Tage keimen lassen; dabei 2- bis 3mal täglich wässern.
- Die Zwiebeln schälen, fein hacken und in der Butter glasig braten.
- Das Toastbrot in Würfel schneiden. Die Buttermilch mit den Eiern verquirlen und über die Brotwürfel gießen. Die Zwiebeln daraufgeben.
- Die Kräuter waschen, auf Küchenpapier abtrocknen und fein hacken. Zur Brotmasse geben.
- Alle Zutaten miteinander verrühren und mit dem Salz, dem Pfeffer sowie dem Muskat abschmecken. Die Mungobohnensprossen daruntermischen.
- Den Papierdarm in Wasser einweichen; dabei darauf achten, daß er innen gut feucht wird. Ein Ende zubinden.
- Die Masse in den Papierdarm füllen, nicht zu prall, weil der Inhalt noch quillt. Das andere Ende zubinden.
- Das Wasser in einem ausreichend großen Topf zum Kochen bringen. Die »Wurst« darin etwa 35 Minuten bei schwacher Hitze sieden lassen.
- Die »Wurst« aus dem Wasser nehmen, den Darm aufschneiden und entfernen, den Inhalt in etwa 1 Stunde erkalten lassen.

◁ Reizvoll und vielseitig lassen sich Quark und Frischkäse in der Vollwertküche einsetzen. Wenn Sie rasch eine raffinierte Kleinigkeit zaubern wollen, ist Sesamkäse auf Orangenscheiben genau das Richtige. Rezept Seite 10.

- Aus der Rolle beliebig dicke Scheiben schneiden und auf einer Platte anrichten.

Das paßt dazu: als Garnitur frische rohe Gemüse, Feldsalat, Tomaten, milchsauer Eingelegtes und so weiter sowie bulgarische Käsecreme (Rezept Seite 60).

Tip: Statt des Papierdarms kann notfalls auch ein Bratfolienschlauch verwendet werden; er sollte jedoch etwa den Durchmesser eines Wurstdarms haben. Eine verschließbare Puddingform ist auch geeignet; hierbei verlängert sich die Garzeit um 30 Minuten.

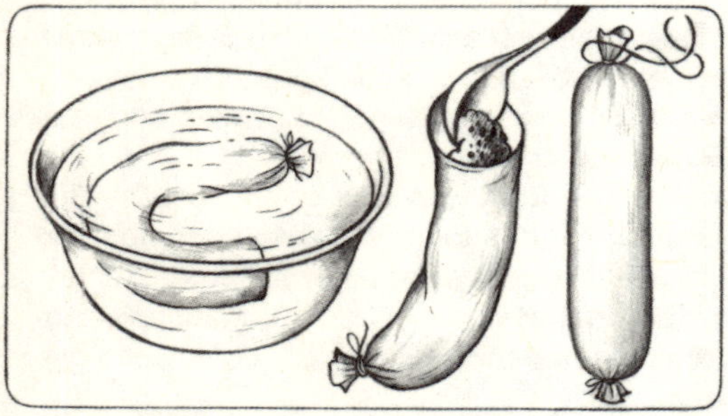

Papierdärme gibt es im Fleischerbedarfshandel; ein Bratfolienschlauch eignet sich aber auch. Durch das Einweichen wird er geschmeidiger.

Preiswert · Braucht etwas Zeit

Grünkernaufschnitt

100 g Zwiebeln · 100 g Karotten/Möhren · 100 g Lauch · 100 g Knollensellerie · 2 Eßl. Butter · 200 g Grünkernschrot · 400 ccm Wasser · 1 Teel. gekörnte Gemüsebrühe · 1 kleiner Zweig frischer Thymian · je 1 Messerspitze Pfeffer und Picata (aus dem Reformhaus) · 70 g Sesamsamen · 1 Ei · 2 Eßl. Olivenöl

Pro Portion etwa 1700 kJ/400 kcal
13 g Eiweiß · 22 g Fett · 41 g Kohlenhydrate · 6 g Ballaststoffe

Vorbereitungszeit: etwa 15 Minuten
Garzeit: etwa 20 Minuten
Bratzeit: etwa 30 Minuten
Kühlzeit: etwa 2 Stunden

- Die Zwiebeln schälen. Die Karotten, den Lauch und den Sellerie putzen und waschen. Die Zwiebeln und das Gemüse in kleine Würfel schneiden.
- Die Butter in einem Topf zerlassen. Alle Gemüsewürfel hineingeben und kurz durchschmoren.
- Den Grünkernschrot, das Wasser und die gekörnte Brühe und den Thymianzweig dazugeben, mischen und aufkochen; dabei mehrmals umrühren.
- Die Temperatur reduzieren und alles bei schwacher Hitze in etwa 20 Minuten ausquellen lassen.
- Die Grünkernmasse vom Herd nehmen, mit dem Pfeffer und dem Picata abschmecken. Den Thymianzweig entfernen.
- Von den Sesamsamen 2 Eßlöffel voll beiseite stellen, die restlichen Samen und das Ei ebenfalls unter die Grünkernmasse mischen.
- Das Olivenöl in einer Bratenpfanne erhitzen. Die Grünkernmasse zu einem Braten von 20 cm Länge formen, in den restlichen Sesamsamen wälzen und in dem Öl ringsum anbraten.
- Inzwischen den Backofen auf 200° vorheizen. Den Grünkernbraten in den Ofen (unten) schieben und etwa 30 Minuten garen.
- Den »Braten« etwa 2 Stunden auskühlen lassen, dann in Scheiben aufschneiden.

Das paßt dazu: alle Rohkostsalate und verschiedene Dips (Rezepte Seite 56, 57).

Für Gäste

Grünes Tatar

Zutaten für 4 Portionen:
2 reife Avocados · 1 Eßl. Zitronensaft · 1 große Zwiebel · 10 grüne Oliven · 10 schwarze Oliven · 1 kleine Zwiebel · je 1 Messerspitze Kräutersalz und weißer Pfeffer, frisch gemahlen · 1 Teel. edelsüßes Paprikapulver · je 1 Eßl. Schnittlauch und Petersilie, frisch feingeschnitten · 1 Eigelb
Pro Portion etwa 1300 kJ/310 kcal
3 g Eiweiß · 30 g Fett · 4 g Kohlenhydrate · 5 g Ballaststoffe

Zubereitungszeit: etwa 30 Minuten

- Die Avocados der Länge nach halbieren und den Kern entfernen. Das Fruchtfleisch mit einem Löffel herauslösen und mit dem Zitronensaft beträufeln.
- Die große Zwiebel schälen und klein hacken. Die grünen sowie die schwarzen Oliven entkernen und in kleine Würfel schneiden.
- Die kleine Zwiebel schälen, in dünne Scheiben schneiden, in Ringe zerteilen und damit auf einem großen Teller einen Rand legen. In die Zwiebelringe das Kräutersalz, den Pfeffer, das Paprikapulver, den Schnittlauch, die Petersilie, die Zwiebel- und die Olivenwürfel verteilen.
- Das Avocadofruchtfleisch durch eine Spätzlepresse in die Mitte des Tellers drücken. Das Eigelb in die Mitte setzen. Alles bei Tisch nach Geschmack mischen und würzen.

Tip: Es sieht besonders dekorativ aus, wenn Sie das grüne Tatar auf einem Glasteller anrichten, der auf einen größeren Teller mit weißer Papierspitze gestellt wird.

Das paßt dazu: Toastbrot (Rezept Seite 48).

Etwas teurer · Braucht etwas Zeit

Spargelplatte

Zutaten für 4 Portionen:
2 Eßl. Sesamsamen · 1 kg frischer Spargel · 1 l Wasser · 1 Eßl. Salz · 4 Eier · 4 Eßl. Walnußöl · 2 Eßl. Obstessig · ½ Teel. Salz · 1 Prise Pfeffer · 1 Messerspitze Senfpulver · 1 Bund Dill
Pro Portion etwa 890 kJ/210 kcal
13 g Eiweiß · 18 g Fett · 5 g Kohlenhydrate · 5 g Ballaststoffe

Vorbereitungszeit: etwa 40 Minuten
Garzeit: 10–20 Minuten
Kühlzeit: etwa 1 Stunde

- Die Sesamsamen in einer Pfanne ohne Fett rösten und erkalten lassen.
- Die Spargelstangen schälen und holzige Enden abschneiden. In einem Topf das Wasser mit dem Salz zum Kochen bringen und die Stangen darin je nach Dicke 10–20 Minuten garen. Das Wasser abgießen und den Spargel auskühlen lassen. Die Spargelstangen kreisförmig auf einer großen runden Platte anrichten, so daß die Köpfe nach außen zeigen.
- Die Eier hart kochen, abschrecken, schälen, abkühlen lassen und in Scheiben schneiden. In die Mitte der Platte häufen.
- Das Öl mit dem Obstessig, dem Salz, dem Pfeffer und dem Senfpulver zu einer Marinade verrühren. Über die Eischeiben und den Spargel gießen. Mit den Sesamsamen bestreuen.
- Die Platte etwa 1 Stunde in den Kühlschrank stellen.
- Vor dem Servieren den Dill waschen, trockenschütteln, fein schneiden und auf die Spargelstangen und Eischeiben streuen.

Preiswert · Für Gäste

Rohkostplatte

Zutaten für 6 Portionen:
4 Eier · 4–5 Tomaten · 1 junge Sellerieknolle · 3 Äpfel · Saft von 1 Zitrone · 250 g Magerquark · 100 g Crème fraîche · 2 Eßl. Apfeldicksaft · 100 ccm Milch · je 1 Messerspitze Salz und Pfeffer, frisch gemahlen · 1 Salatgurke
Zum Garnieren: nach Belieben kleine Maiskölbchen aus dem Glas
Pro Portion etwa 1100 kJ/260 kcal
15 g Eiweiß · 13 g Fett · 21 g Kohlenhydrate · 8 g Ballaststoffe

Zubereitungszeit: etwa 35 Minuten

- Die Eier hart kochen und abkühlen lassen.
- Die Tomaten waschen, in Scheiben schneiden und diese halbieren. Den Sellerie und die Äpfel schälen, grob raspeln und sofort mit dem Zitronensaft begießen.
- Den Quark und die Crème fraîche mit dem Apfeldicksaft, der Milch, dem Salz und dem Pfeffer zu einer Sauce verrühren und mit der Sellerie-Apfel-Masse vermischen.
- Die Salatgurke waschen und in ½ cm dicke Scheiben schneiden.
- Auf einer runden Platte die halbierten Tomatenscheiben an den Rand legen. Mit den Gurkenscheiben einen zweiten Rand legen.
- Die Eier schälen, in Scheiben schneiden und auf den Gurkenscheiben anrichten.
- In die Mitte des Tellers den Sellerie-Apfel-Salat füllen. Nach Belieben mit Maiskölbchen garnieren.

Ganz einfach · Für Gäste

Käseplatte

Zutaten für 8 Portionen:
250 g Butter · 2 Eßl. Sesamsamen · 1 Schachtel Camembert-Ecken (250 g) · 1 kleine Staude Stangensellerie · 300 g Frischkäse · 100 g saure Sahne · 1 Bund Radieschen
Pro Portion etwa 2100 kJ/500 kcal
13 g Eiweiß · 48 g Fett · 2 g Kohlenhydrate · 2 g Ballaststoffe

Zubereitungszeit: etwa 45 Minuten

- Von der Butter walnußgroße Portionen abstechen und mit zwei Butterbrettchen zu Butterkugeln formen. Die Butterkugeln kalt stellen.
- Den Sesamsamen in einer trockenen Pfanne rösten und abkühlen lassen.
- Die Camembertecken waagrecht durchschneiden und die »Dreiecke« als Kreis auf einer runden Platte anrichten. Jeweils einen Zwischenraum frei lassen.
- Den Sellerie putzen, waschen, mit Küchenkrepp abtrocknen und die Stangen in etwa 10 cm lange Stücke schneiden; dabei die zarten Sellerieblättchen abschneiden und beiseite legen.
- Den Frischkäse, die saure Sahne und den Sesamsamen zu einer Creme verrühren. Diese Masse in einen Spritzbeutel mit gezackter Tülle füllen und in die Höhlung der Selleriestangen spritzen. Die Stangen zwischen die Käseecken auf die Platte legen.
- Die Radieschen putzen, waschen und Röschen daraus schneiden (siehe Seite 42). Die Butterkugeln in die Mitte der Platte häufen und mit den Radieschen sowie den Sellerieblättchen garnieren.

Pasteten und Sülzen

Bei einigen Rezepten dieses Kapitels lohnt sich der Arbeitsaufwand erst für eine größere Runde. Laden Sie Gäste dazu ein! Auf einem Buffet kann eine Pastete oder Terrine hervorragend den Mittelpunkt bilden, und alle werden verblüfft sein, wie vorzüglich es auch ohne Fleisch schmeckt.

Nicht ganz einfach · Für Gäste

Getreidepastete in Blätterteig

Bild Seite 46

Die Pastete eignet sich sehr gut als Mittelpunkt für ein kaltes Buffet.

Zutaten für 8 Portionen:
300 g Blätterteig, tiefgefroren (aus dem Reformhaus) · 2 Zwiebeln · 100 g Weizen · 100 g Roggen · 700 ccm Wasser · 1 Teel. gekörnte Gemüsebrühe · 250 g Champignons · 2 Eier · 70 g Vollkornbrösel · 2 Eßl. Haferflocken · je 1 Messerspitze Salz und Pfeffer, frisch gemahlen · 1 Prise getrockneter Thymian oder Majoran · 200 g Rosenkohl · 4 kleine Karotten/Möhren (200 g)
Zum Bestreichen: 1 Ei
Zum Garnieren: ½ Salatgurke · 1 Bund Radieschen · 2–3 Salatblätter
Pro Portion etwa 1300 kJ/310 kcal
11 g Eiweiß · 13 g Fett · 38 g Kohlenhydrate · 7 g Ballaststoffe

Vorbereitungszeit: etwa 45 Minuten
Backzeit: etwa 40 Minuten
Kühlzeit: etwa 1 Stunde

- Ein Backblech mit Backtrennpapier belegen. Den Blätterteig leicht antauen lassen.
- Die Zwiebeln schälen und in kleine Würfel schneiden.
- Den Weizen und den Roggen grob schroten, in einem Topf unter ständigem Rühren kurz rösten, dann mit dem Wasser aufgießen. Die Gemüsebrühe und die vorbereiteten Zwiebeln in den Schrotbrei geben. Die Masse umrühren und bei schwacher Hitze etwa 15 Minuten quellen lassen; danach etwas auskühlen lassen.
- Inzwischen die Champignons waschen, putzen und feinblättrig schneiden. Die Pilze mit den Eiern, den Vollkornbröseln und den Haferflocken vermischen und mit den Gewürzen abschmecken.
- Den Rosenkohl und die Karotten putzen und waschen.
- Den Blätterteig auf leicht bemehlter Arbeitsfläche mit dem Rollholz zu einer Platte von 20 × 30 cm ausrollen. Von der Teigplatte an den Rändern 5–6 Streifen von 1,5 cm Breite mit einem Teigrädchen oder mit dem Messer abschneiden und für die Verzierung beiseite legen.
- Die Hälfte der Pastetenmasse in die Mitte der Teigplatte geben und verteilen, so daß 3–4 cm Teigrand zum Einschlagen frei bleiben. Den Rosenkohl und die Karotten (in Längsrichtung) auf die Masse geben und leicht eindrücken. Die restliche Pastetenmasse daraufgeben.
- Den Teig erst von den Schmalseiten, dann von den Längsseiten über die Füllung klappen.
- Den Backofen auf 220° vorheizen.
- Die Pastete mit der »Naht« nach unten auf das Backblech legen und mit den Blätterteigstreifen diagonal oder rautenförmig verzieren. Das Ei mit der Gabel verquirlen und die Pastetenoberfläche damit bestreichen.
- Das Blech in den Backofen (unten) schieben und die Pastete etwa 40 Minuten backen.
- Die gebackene Pastete etwa 1 Stunde auskühlen lassen.
- Inzwischen die Salatgurke heiß waschen und in Scheiben schneiden. Die Radieschen und die Salatblätter ebenfalls waschen und trockentupfen beziehungsweise trockenschleudern.

• Die ausgekühlte Getreidepastete in 2 cm dicke Scheiben schneiden, auf einem Holzbrett anrichten und mit den Gurkenscheiben, den Radieschen sowie den Salatblättern garnieren.

Die verschiedenen Möglichkeiten, Radieschen zu schneiden, mit denen Sie appetitliche Farbpunkte in Ihre Dekoration bringen.

Tip: Wenn Sie keinen Blätterteig zu kaufen bekommen, können Sie aus 200 g feingemahlenem Weizen, 100 g Butter, 1 Prise Salz, 1 Eßlöffel saurer Sahne und 3–4 Eßlöffeln Wasser einen Pastetenteig kneten, kurze Zeit ruhen lassen und dann wie oben verwenden.

Braucht etwas Zeit · Preiswert · Für Gäste

Grünkern-Gemüse-Pastete

Zutaten für 8 Portionen:
250 g Zwiebeln · 250 g Grünkern · 250 g Karotten/Möhren. · 50 g Butter · ¾ l Wasser · 1 Teel. gekörnte Gemüsebrühe · je 1 rote und 1 grüne Paprikaschote · 50 g Sesamsamen · 50 g Vollkornbrösel · 30 g Hefeflocken · je 1 Messerspitze Salz und Pfeffer oder Cayennepfeffer · 1 Prise getrockneter Thymian oder Majoran · 3 Eier

Für die Form: 1 Eßl. Öl · 2 Eßl. Sesamsamen
Pro Portion etwa 1300 kJ/310 kcal
12 g Eiweiß · 15 g Fett · 33 g Kohlenhydrate · 5 g Ballaststoffe

Vorbereitungszeit: etwa 20 Minuten
Gar- und Quellzeit: etwa 15 Minuten
Backzeit: etwa 45 Minuten
Kühlzeit: 3–4 Stunden

• Die Zwiebel schälen und in kleine Würfel schneiden. Den Grünkern mittelgrob schroten. Die Karotten putzen, unter fließendem Wasser gründlich bürsten und in winzig kleine Würfelchen schneiden.
• Die Butter erhitzen und die Zwiebelwürfel darin glasig braten. Den Grünkernschrot mit dem Wasser und der Gemüsebrühe zu den Zwiebeln geben.
• Die Karottenwürfel hinzufügen. Die Masse zum Kochen bringen und bei schwacher Hitze etwa 15 Minuten quellen lassen; dazwischen häufig umrühren, damit der Schrot nicht anbrennt. Abkühlen lassen.
• Den Backofen auf 180° vorheizen.
• Die Paprikaschoten halbieren, die Kerne und weißen Rippen entfernen. Die Schotenhälften gründlich waschen und in kleine Würfel schneiden. Die Paprikawürfel mit den Sesamsamen, den Vollkornbröseln, den Hefeflocken, dem Salz, dem Pfeffer oder Cayennepfeffer, dem Thymian oder Majoran und den Eiern in die abgekühlte Schrotmasse rühren.
• Eine Kastenform von 30 cm Länge mit dem Öl einfetten und mit den Sesamsamen ausstreuen. Die Masse einfüllen und glattstreichen. Die Pastete in den Ofen (unten) schieben und etwa 45 Minuten backen.
• Die Grünkernpastete in der Form 3–4 Stunden auskühlen lassen; dann aus der Form stürzen und in dicke Scheiben schneiden.

Preiswert · Braucht etwas Zeit

Gemüseterrine mit Kräuterremoulade

Bild Umschlag-Vorderseite

Zutaten für 10 Portionen:
500 g Karotten/Möhren · 500 g Blumenkohl · 500 g Rosenkohl · 3 Eier · ⅛ l Wasser · 200 g Vollkorntoastbrot · 1 Prise getrockneter Oregano oder Majoran · je 1 Messerspitze Salz und Muskatnuß, frisch gerieben
Für die Remoulade: 5 Eßl. Mayonnaise (Rezept Seite 55) · 150 g Joghurt · 5 Eßl. gemischte Kräuter (Schnittlauch, Petersilie, Kerbel, Estragon, Kresse), frisch feingehackt · 1 kleine Zwiebel · 2 Knoblauchzehen
Pro Portion etwa 750 kJ/180 kcal
9 g Eiweiß · 10 g Fett · 16 g Kohlenhydrate · 7 g Ballaststoffe

Vorbereitungszeit: etwa 50 Minuten
Garzeit: etwa 1 Stunde und 10 Minuten
Kühlzeit: etwa 2 Stunden

- Eine Terrinenform mit Backtrennpapier auslegen.
- Die Karotten putzen, waschen und in dünne Scheiben schneiden. Den Blumenkohl putzen, waschen und in Röschen teilen. Den Rosenkohl putzen und waschen.
- Das Gemüse nacheinander blanchieren, das Wasser abgießen.
- Die Eier mit dem Wasser verquirlen und das Toastbrot damit einweichen.
- Den Backofen auf 180° vorheizen.
- Das abgekühlte Gemüse mit der Brotmasse mischen, mit dem Oregano oder Majoran, dem Salz sowie dem Muskat würzen. Die Mischung in die Terrine füllen.
- Terrinen werden im Wasserbad gegart. Man stellt die Form in einen großen Topf oder eine Bratenpfanne und gießt so viel kochendes Wasser um die Form, daß der Wasserspiegel etwa zweifingerbreit unter dem Rand der Form steht. Die Terrine mit dem Deckel schließen, im Wasserbad auf den Rost in den vorgeheizten Backofen (unten) schieben und etwa 70 Minuten garen. In der Form auskühlen lassen.
- Für die Remoulade die Mayonnaise mit dem Joghurt verrühren. Die Kräuter dazugeben.
- Die Zwiebel sowie den Knoblauch schälen, sehr fein hacken und unter die Remoulade mischen. Die Kräuterremoulade etwa 2 Stunden zugedeckt kühl stellen.
- Die Terrine aus der Form stürzen und aufschneiden. Die Kräuterremoulade dazu servieren.

Tip: Wer keine Terrinenform mit Deckel hat, der kann eine Kastenform verwenden und diese mit doppelt gefalteter Alufolie verschließen.

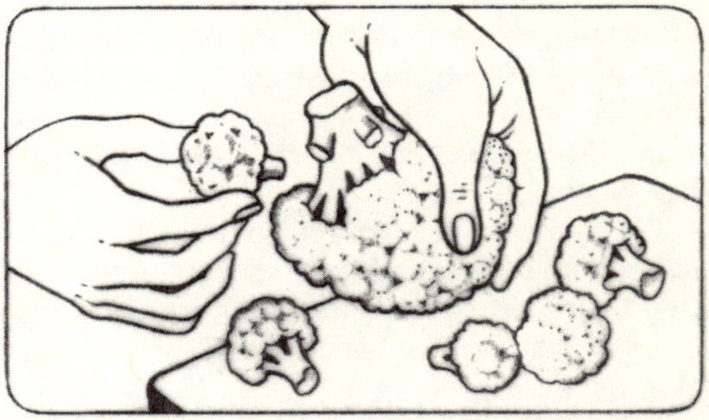

Je gleichmäßiger Sie den Blumenkohl in Röschen teilen, um so gleichmäßiger wird er gar. Der Strunk kann klein gewürfelt und mitverwendet werden.

Braucht etwas Zeit · Für Gäste

Bamberger Gärtner-Sülze

Bild 3. Umschlagseite

Zutaten für 4 Portionen:
200 g Karotten/Möhren · 200 g Blumenkohl · 200 g Zucchini · 2 Eier · 2 Tomaten · 150 g Mozzarellakäse · 8 kleine Basilikumblätter · 12 Blatt weiße Gelatine oder 2 Teel. Agar-Agar · 1 l Wasser · 2 Teel. gekörnte Gemüsebrühe · 1 Teel. Zitronensaft · 1 Teel. Salz · 1 Messerspitze Pfeffer, frisch gemahlen.
Zum Garnieren: nach Belieben kleine Tomaten und Basilikum
Pro Portion etwa 820 kJ/200 kcal
19 g Eiweiß · 10 g Fett · 7 g Kohlenhydrate · 5 g Ballaststoffe

Zubereitungszeit: etwa 1½ Stunden
Kühlzeit: 6–8 Stunden

- Das Gemüse (Karotten, Blumenkohl, Zucchini) putzen, waschen und in kleine Stückchen schneiden. Die Stücke in wenig Wasser bißfest dünsten.
- Die Eier hart kochen, abschrecken und in kaltem Wasser abkühlen.
- Die Tomaten waschen und in Scheiben schneiden, dabei den Stielansatz entfernen. Den Mozzarellakäse in Würfel schneiden. Die Basilikumblätter waschen und auf Küchenkrepp abtrocknen.
- Die Gelatine in kaltem Wasser einweichen. Das Wasser mit der Gemüsebrühe erhitzen und die Gelatine darin auflösen; nicht kochen. Den Zitronensaft dazugeben. Bei Verwendung von Agar-Agar wird dieses gleich in die kalte Flüssigkeit eingerührt und dann unter Rühren erhitzt.
- Eine Glasform (Kasten- oder Pastetenform) mit kaltem Wasser ausspülen. Etwa 10 Eßlöffel Gelatineflüssigkeit als sogenannten »Spiegel« hineingießen und erstarren lassen. Die Innenwände der Glasform dabei so lange mit Gelatineflüssigkeit befeuchten, bis sich ein dünner Film bildet.
- Die Eier schälen und in Scheiben schneiden. Auf den Boden der Form in die Mitte eine Reihe Eischeiben legen und mit den Basilikumblättern garnieren. Mit Salz und Pfeffer würzen.
- Schicht für Schicht das vorbereitete Gemüse und die Mozzarellawürfel darauf legen, jede Lage mit Salz und Pfeffer würzen und mit Gelatineflüssigkeit begießen. Die Form nach jeder Lage kalt stellen.
- Wenn alle Zutaten eingefüllt sind, die Sülze in den Kühlschrank stellen und in 6–8 Stunden fest werden lassen.
- Zum Stürzen die Form kurz auf ein heißes Tuch stellen oder über Wasserdampf halten. Die Sülze in Scheiben schneiden. Nach Belieben mit Tomatenscheibchen und Basilikumblättchen garnieren.

Tip: Wenn Sie wenig Zeit haben, können Sie auch alles auf einmal in die Form geben; die Sülze hat dann aber nicht mehr die schöne Schichtstruktur. Gelatine darf übrigens weder gekocht noch eingefroren werden, weil sie sonst flüssig bleibt.

Das paßt dazu: herzhaftes Vollkornbrot mit Sesambutter (Rezept Seite 58).

Roggen oder Grünkern bilden bei diesem Salat die sättigende Grundlage. Je bunter Sie dazu die Gemüse- und Salatzutaten wählen, umso begeisterter wird jeder beim Getreidesalat mit Paprika zulangen. Rezept Seite 27. ▷

Ganz einfach · Braucht etwas Zeit

Frischkost in Aspik

Zutaten für 4 Portionen:
500 g frisches Gemüse (Karotten, Erbsen, Blumenkohl, Gemüsemaiskörner, Champignons) · 1 l Wasser · 1 Teel. Salz · 2 Teel. gekörnte Gemüsebrühe · 2 Teel. Agar-Agar
Zum Garnieren: 1 Ei · 1 Zitrone · 1 Bund Petersilie oder Kerbel · 2 Tomaten
Pro Portion etwa 640 kJ/150 kcal
9 g Eiweiß · 4 g Fett · 23 g Kohlenhydrate · 7 g Ballaststoffe

Zubereitungszeit: 30–35 Minuten
Kühlzeit: 2–3 Stunden

- Das Gemüse putzen, waschen und in mundgerechte Stücke schneiden.
- Das Wasser mit dem Salz, der Gemüsebrühe und dem Agar-Agar verrühren. Die Flüssigkeit zum Kochen bringen und das Gemüse dazugeben. Von der Kochstelle nehmen.
- Die Mischung in vier kleine Förmchen oder in eine große Form füllen und im Kühlschrank 2–3 Stunden kalt stellen.
- Inzwischen das Ei hart kochen, abschrecken und abkühlen lassen; dann schälen.
- Wenn das Aspik fest ist, die Portionen auf eine Platte stürzen und mit Zitronenscheiben, Petersilie, Eischeiben und Tomatenscheiben garnieren.

◁ Die knusprige Getreidepastete in Blätterteig sieht als Mittelpunkt eines kalten Buffets sehr dekorativ aus. Sie wird, mit erfrischender Preiselbeersahne angerichtet, sicher ein Erfolg bei Ihren Gästen. Rezepte Seite 41 und 54.

Ganz einfach · Preiswert · Für Gäste

Kräutersülzchen

Diese Sülzchen schmecken als Vorspeise oder Imbiß, passen aber auch auf ein Buffet.

Zutaten für 6 Portionen:
1 Teel. Agar-Agar · ¼ l Wasser · 125 g Tomatenmark · ½ Teel. gekörnte Gemüsebrühe · 3 Eßl. Weißwein · 50 g gemischte Kräuter (Schnittlauch, Petersilie, Basilikum, Kerbel, Melisse, Estragon) · 1 kleine Schalotte · 1 Knoblauchzehe
Zum Garnieren: 1 Ei · 1 Sträußchen Petersilie
Pro Portion etwa 150 kJ/35 kcal
3 g Eiweiß · 2 g Fett · 4 g Kohlenhydrate · 1 g Ballaststoffe

Zubereitungszeit: etwa 15 Minuten
Kühlzeit: 2–3 Stunden

- Das Agar-Agar mit dem Wasser in einem Topf verrühren. Das Tomatenmark, die Gemüsebrühe und den Wein dazugeben. Alles unter Rühren zum Kochen bringen, dann sofort von der Kochstelle nehmen.
- Die Kräuter waschen, mit Küchenkrepp abtrocknen und fein hacken.
- Die Schalotte sowie den Knoblauch sehr fein hacken (besser durch die Knoblauchpresse drücken) und mit den Kräutern in die Brühe geben. Das Ganze gründlich vermischen und in sechs kleine Förmchen füllen.
- Die Sülzchen im Kühlschrank 2–3 Stunden auskühlen lassen, bis sie fest geworden sind. In der Zwischenzeit das Ei hart kochen, abschrecken und erkalten lassen; dann schälen und in Scheiben schneiden.
- Die Sülzchen mit einer Messerspitze am Formrand leicht lösen und auf Teller stürzen. Mit Eischeiben und der Petersilie verzieren.

Brot, Brötchen, pikantes Gebäck

In der Vollwertküche backen wir mit frisch gemahlenem Getreide, damit wir seine Wertstoffe ohne Verlust genießen können. Eine Getreidemühle ist heute schon in vielen Vollwert-Küchen vorhanden. Wenn Sie sich eine Mühle anschaffen wollen, sollten Sie sich im Fachhandel genau informieren, denn das Angebot ist groß. Falls Sie erst einmal eines der Rezepte probieren und Gebackenes aus dem vollen Korn kosten wollen, können Sie auch in manchen Reformhäusern und Naturkostläden Getreide frisch mahlen lassen (und dann rasch verbrauchen, notfalls einen Rest einfrieren). Bei Vollkornteigen kann man manchmal die Flüssigkeit nicht exakt angeben, da je nach Art, Lagerung und Vermahlung des Getreides die Flüssigkeitsaufnahme des Mehles unterschiedlich ist. Hier müssen Sie also etwas mit Gefühl arbeiten. Einige Backideen finden Sie übrigens auch noch im Kapitel »Empfang« auf den Seiten 93–95 und süßes Gebäck auf den Seiten 72–76.

Preiswert · Ganz einfach

Körnerfladen

Zutaten für 16–20 Fladen:
200 g Gerste · 200 g Weizen · 1 Teel. Salz · ¼ l Buttermilch · ½ Würfel Hefe (20 g) · 100 g Sonnenblumenkerne · 50 g Sesamsamen
Für das Backblech: Öl oder Butter
Zum Bestreichen und Bestreuen: 2 Eßl. Milch · 2 Eßl. Kümmel
Bei 16 Fladen pro Stück etwa 580 kJ/140 kcal
6 g Eiweiß · 6 g Fett · 16 g Kohlenhydrate · 4 g Ballaststoffe

Vorbereitungszeit: etwa 30 Minuten
Zeit zum Gehenlassen: etwa 15 Minuten
Backzeit: 20–25 Minuten

- Die Gerste mit dem Weizen mittelgrob schroten und in eine Rührschüssel geben.
- Das Salz, die Buttermilch und die zerbröckelte Hefe zum Schrot geben und alles gründlich zu einem Teig kneten. Zum Schluß die Sonnenblumenkerne und die Sesamsamen darunterkneten. Den Teig, mit einem Tuch bedeckt, an einem warmen Platz etwa 10 Minuten gehen lassen.
- Den Hefeteig auf bemehlter Arbeitsfläche durchkneten und daraus handflächengroße Fladen formen.
- Ein Backblech einfetten. Die Fladen darauf legen, mit der Milch bestreichen und mit dem Kümmel bestreuen.
- Den Backofen auf 50° einschalten und die Fladen 5 Minuten im Backofen (Mitte) gehen lassen; dann auf 200° schalten und die Körnerfladen 20–25 Minuten backen.

Ganz einfach · Für Gäste

Toastbrot

Zutaten für 1 Toastbrot:
500 g Weizen oder Dinkel oder je 250 g Weizen und Dinkel, feingemahlen · 30 g Hefe · 1 Teel. Salz · 1 Eßl. flüssiger Honig · ¼ l Milch oder ⅛ l Sahne und ⅛ l Wasser · 50 g weiche Butter
Für die Form: Öl oder Butter
Bei 18 Scheiben pro Scheibe etwa 445 kJ/120 kcal
4 g Eiweiß · 4 g Fett · 19 g Kohlenhydrate · 3 g Ballaststoffe

Vorbereitungszeit: etwa 15 Minuten
Zeit zum Gehenlassen: 45–50 Minuten
Backzeit: 50–55 Minuten

• Das Mehl in eine Rührschüssel geben. Die zerbröckelte Hefe, das Salz, den Honig und die Milch oder die Sahne und das Wasser dazugeben und mit den Knethaken des Handrührgerätes oder der Küchenmaschine kräftig kneten, bis ein elastischer Teig entsteht. Zwischendurch die weiche Butter dazugeben.
• Den Teig, mit einem Tuch bedeckt, an einem warmen Platz etwa 30 Minuten gehen lassen. Eine Kastenform von 30 cm Länge einfetten.
• Den Hefeteig nochmals kräftig durchkneten, dann halbieren. 2 Stränge daraus formen, diese miteinander verschlingen und in die Kastenform legen. Das Brot 15–20 Minuten gehen lassen.
• Inzwischen den Backofen auf 220° vorheizen.
• Die Form in den Backofen (unten) schieben. Das Toastbrot etwa 30 Minuten backen; dann die Temperatur auf 180° zurückschalten und das Brot noch 20–25 Minuten backen.

Tip: Am besten backen Sie gleich 2 Toastbrote, denn es schmeckt gut und wird rasch aufgegessen sein; Sie können es auch einfrieren.

Nicht ganz einfach · Braucht etwas Zeit

Gefüllte Baguettes

Zutaten für 4 Portionen:
Für den Teig: 500 g Weizen, feingemahlen · 30 g Hefe · ¼ l Wasser · 1 Teel. Salz · 3 Eßl. Walnußöl
Für die Füllung: 600 g Frischkäse · 200 g Salatgurke · 4 Radieschen · je 1 grüne und rote Paprikaschote · ½ Bund Schnittlauch · je 1 Messerspitze Salz und Pfeffer, frisch gemahlen
Bei 4 Portionen pro Portion etwa 4100 kJ/ 980 kcal
33 g Eiweiß · 56 g Fett · 80 g Kohlenhydrate · 15 g Ballaststoffe

Vorbereitungszeit: etwa 20 Minuten
Backzeit: etwa 20 Minuten
Fertigstellung: etwa 30 Minuten
Kühlzeit: etwa 30 Minuten

• Ein Backblech mit Backtrennpapier auslegen.
• Das Mehl, die zerbröckelte Hefe, das Wasser, das Salz und das Öl in eine Rührschüssel geben und alles gründlich zu einem Teig verkneten.
• Den Teig, mit einem Tuch bedeckt, an einem warmen Platz 10 Minuten gehen lassen. Den Backofen auf 200° vorheizen.
• Den Hefeteig auf bemehlter Arbeitsfläche durchkneten. 4 Stangenbrote (Baguettes) formen und auf das Backblech legen. Die Brote in den Backofen (Mitte) schieben und etwa 20 Minuten backen. Abkühlen lassen.
• Für die Füllung den Frischkäse in eine Schüssel geben.
• Die Salatgurke sowie die Radieschen waschen und trockentupfen. Die Gurke schälen. Von den Radieschen die Blätter und Wurzeln abschneiden.
• Die Paprikaschoten halbieren, die Kerne und weißen Rippen entfernen. Die Schotenhälften ebenfalls waschen und trockentupfen.

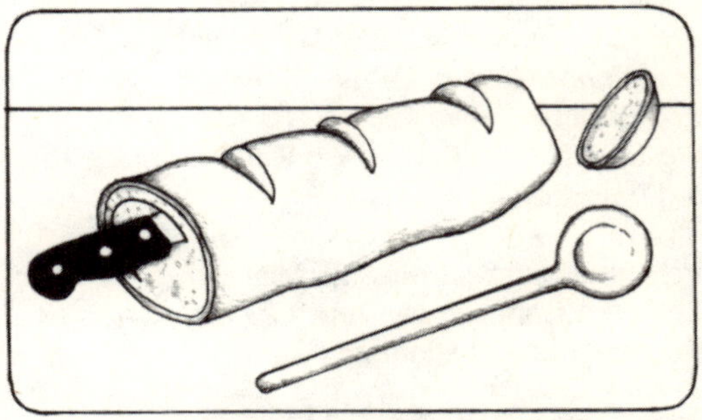

Vom Brot die Enden abschneiden und das Innere mit einem langen, spitzen Messer herauslösen; Sie können die Krume trocknen, reiben und als Brösel verbrauchen.

• Das Gemüse in winzig kleine Würfel schneiden und unter den Frischkäse mischen. Den Schnittlauch waschen, fein schneiden und zur Käsemasse geben. Mit dem Salz und dem Pfeffer würzen.
• Von den ausgekühlten Broten die Enden abschneiden. Die Brote aushöhlen, die Käsemischung hineinfüllen.
• Die gefüllten Baguettes etwa 30 Minuten im Kühlschrank durchkühlen lassen, dann in Scheiben schneiden, am besten mit einem Elektromesser.

Tip: Für dieses Rezept können Sie natürlich auch beim Vollkornbäcker Baguettes kaufen.

Braucht etwas Zeit

Weizenbrötchen mit Rosinen

Zutaten für 15 Brötchen:
500 g Weizen, feingemahlen · 30 g Hefe · 300 ccm Dickmilch · 1 Messerspitze Salz · 1 Eßl. flüssiger Honig · 100 g Rosinen · 2 Eßl. Walnußöl
Zum Bestreuen: je 2 Eßl. Mohn, Sesamsamen und Sonnenblumenkerne
Pro Brötchen etwa 720 kJ/170 kcal
6 g Eiweiß · 5 g Fett · 27 g Kohlenhydrate · 5 g Ballaststoffe

Vorbereitungszeit: etwa 25 Minuten
Zeit zum Gehenlassen: etwa 25 Minuten
Backzeit: 20–30 Minuten

• Das Weizenmehl in eine Rührschüssel geben. Die Hefe auf das Mehl bröckeln. Die Dickmilch, das Salz und den Honig dazugeben und mit den Knethaken des Handrührgerätes oder der Küchenmaschine kräftig kneten. Zwischendurch die Rosinen und das Öl dazugeben.
• Den Teig, mit einem Tuch bedeckt, an einem warmen Platz etwa 15 Minuten gehen lassen.
• Inzwischen ein Backblech mit Backtrennpapier auslegen.
• Den Teig auf bemehlter Arbeitsfläche durchkneten. Mit einem Eßlöffel etwa 50 g schwere Teigstücke abstechen und mit den Händen Brötchen formen oder »schleifen«, das heißt, die Stücke unter der leicht gewölbten Hand rollen, bis die Teigoberfläche völlig glatt ist.
• Mit einem Messer oder einer Küchenschere Muster in die Brötchenoberfläche eindrücken oder einschneiden.

So können Sie Brötchen hübsch verzieren. Sie werden erst nach dem Einschneiden bestrichen und bestreut.

• Die Brötchen mit Wasser besprühen, mit Mohn, Sesamsamen oder Sonnenblumenkernen bestreuen und auf das Backblech setzen.
• Den Backofen auf 50° einstellen, das Backblech in den Backofen (Mitte) einschieben und die Brötchen 10 Minuten gehen lassen.
• Anschließend die Temperatur auf 200° schalten und die Brötchen 20–30 Minuten backen.

Tip: Das Besprühen der Brötchen funktioniert am besten mit einem Blumensprüher, den man sich extra dafür kauft.

Nicht ganz einfach · Für Gäste

Windbeutelchen mit Käsecreme

Die winzigen Windbeutelchen sind in der Menge zwar für 4 Portionen berechnet. Sie können aber auch als Häppchen unter anderem bei einer größeren Einladung angeboten werden.

Zutaten für 30 Stück:
Für den Teig: ¼ l Wasser · 50 g Butter · 1 Prise Salz · 135 g Weizen, feingemahlen · 3–4 Eier
Für die Füllung: 200 g Blauschimmelkäse · 200 g Frischkäse · 4–5 Eßl. Milch · 1 Teel. Meerrettich, frisch gerieben
Zum Garnieren: Dillzweige
Pro Stück etwa 310 kJ/75 kcal
4 g Eiweiß · 6 g Fett · 3 g Kohlenhydrate · 1 g Ballaststoffe

Vorbereitungszeit: etwa 45 Minuten
Kühlzeit: 30 Minuten
Backzeit: 25–30 Minuten
Fertigstellung: etwa 15 Minuten

- Für den Teig das Wasser und die Butter mit dem Salz in einem großen Topf aufkochen.
- Den Topf vom Herd nehmen. Das Mehl auf einmal in die Flüssigkeit schütten und schnell glattrühren.
- Den Topf wieder auf den Herd zurückstellen und die Mehlmischung bei schwacher Hitze so lange rühren, bis sich am Topfboden eine weiße Haut bildet.
- Anschließend den Topf wieder von der Kochstelle nehmen. Jeweils 1 Ei gründlich hineinrühren, dann erst das nächste Ei dazurühren, bis alle Eier verbraucht sind.
- Den Teig 30 Minuten kalt stellen.
- Den Backofen auf 220° vorheizen.
- Für die Füllung den Blauschimmelkäse mit einer Gabel zerdrücken oder mit einem Pürierstab zerkleinern. Den Frischkäse und die Milch dazugeben und zum Schluß den Meerrettich darunterrühren. Die Masse kalt stellen.
- Ein Backblech mit Backtrennpapier auslegen.
- Den Teig in einen Spritzbeutel mit glatter Tülle füllen und kleine Häufchen auf das Backblech spritzen.
- Die Windbeutel in den Backofen (Mitte) schieben und in 25 bis 30 Minuten hellbraun backen; dabei darf die Backofentür in den ersten 10 Minuten nicht geöffnet werden.
- Die Windbeutel abkühlen lassen. Dann mit einem Messer oder einer Küchenschere waagrecht durchschneiden.
- Die Käsecreme in einen Spritzbeutel mit glatter Tülle füllen und in die unteren Windbeutelhälften spritzen. Die oberen Hälften als Deckel darauflegen und mit einem kleinen Tupfer Käsecreme und einem Stückchen Dill garnieren.

Varianten: Für die Füllung können Sie statt Blauschimmelkäse auch nur Frischkäse, statt Meerrettich frische Kräuter oder geröstete Sesamsamen verwenden.

Tip: Den Teig kann man gut einige Stunden vor dem Backen zubereiten. Das fertige Gebäck sollte jedoch am gleichen Tag verzehrt und erst unmittelbar vor dem Servieren gefüllt werden.

Nicht ganz einfach · Für Gäste

Würzige Biskuitrolle

Diese Biskuitrolle sollten Sie für eine Einladung planen. Sie sieht sehr dekorativ aus und schmeckt ganz ausgezeichnet.

Zutaten für 12 Portionen:
Für den Teig: 3 Eßl. Sesamsamen · 6 Eier · ½ Teel. Salz · 1 Messerspitze Pfeffer · 1 Teel. getrocknetes Basilikum · 1 Messerspitze Backpulver · 130 g Weizen, feingemahlen · 50 g Buchweizen, feingemahlen
Für die Füllung: 250 g weiche Butter · 250 g Frischkäse · je 1 Bund Petersilie und Schnittlauch · 2 Schalotten · je 1 Messerspitze Salz und Pfeffer · 200 g Harzer Käse
Pro Portion etwa 1500 kJ/360 kcal
14 g Eiweiß · 30 g Fett · 11 g Kohlenhydrate · 2 g Ballaststoffe

Vorbereitungszeit: etwa 40 Minuten
Backzeit: etwa 12 Minuten
Kühlzeit und Fertigstellung: etwa 45 Minuten

- Ein Backblech mit Backtrennpapier auslegen und die Sesamsamen darauf ausstreuen.
- Den Backofen auf 200° vorheizen.
- Die Eier in Eigelb und Eiweiß trennen. Die Eiweiße steif schlagen. Die Eigelbe schaumig schlagen. Den Eischnee auf die Eigelbcreme geben.
- Das Salz, den Pfeffer, das Basilikum und das Backpulver unter das Weizenmehl und das Buchweizenmehl mischen und auf den Eischnee geben; mit dem Schneebesen vorsichtig unterheben und den Teig gleichmäßig auf das Backblech streichen.
- Das Backblech in den Backofen (Mitte) schieben und den Biskuit bei 200° etwa 12 Minuten backen.
- Inzwischen ein Stück Backtrennpapier in der Größe des Backbleches auf die Arbeitsfläche legen.
- Die gebackene Teigplatte an den Rändern vom Backblech lösen und auf das Backtrennpapier stürzen; das Backblech auf der Teigplatte liegen lassen, bis der Biskuitboden ausgekühlt ist; das dauert etwa 30 Minuten.
- Inzwischen für die Füllung die Butter mit dem Schneebesen oder dem Handquirl schaumig rühren. Den Frischkäse dazugeben.
- Die Petersilie und den Schnittlauch waschen, mit Küchenpapier trockentupfen und fein hakken. Die Schalotten schälen und ebenfalls fein hacken.
- Die Käsemasse mit dem Salz und dem Pfeffer würzen. Die Kräuter und die gehackten Schalotten dazugeben. Den Harzer Käse in kleine Würfel schneiden und mit den anderen Zutaten gründlich vermischen.
- Das Backblech vom Biskuit nehmen und das Backtrennpapier vorsichtig abziehen.
- Die Füllung gleichmäßig auf die Biskuitplatte streichen. Das unter dem Biskuit liegende Backtrennpapier mit beiden Händen an den Längsseiten anheben und so die Biskuitrolle aufrollen.
- Die Biskuitrolle auf ein entsprechend großes Holzbrett legen, so daß die »Naht« der Rolle nach unten zu liegen kommt. Mit einem scharfen Messer (am besten mit einem Elektromesser) in Scheiben schneiden.

Tip: Ich serviere die pikante Biskuitrolle gerne als Vorspeise zu Rohkostsalaten oder als Imbiß bei Einladungen; auch als Zentrum eines großen Käsebrettes sieht sie sehr gut aus.

Braucht etwas Zeit · Für Gäste

Gemüsetortelettes

Bild Umschlag-Rückseite

Gefüllte Tortelettes sind auch ideale Häppchen für ein kaltes Buffet.

Zutaten für 8 Tortelettes:
Für den Teig: 100 g Dinkel, feingemahlen · 75 g Hirse, feingemahlen · 1 Messerspitze Salz · 1 Prise Cayennepfeffer · ½ Teel. Majoran, frisch feingehackt · 4–5 Eßl. Mineralwasser · 120 g kalte Butter
Für die Förmchen: 1 Eßl. Butter · 1 Eßl. Sesamsamen
Für die Gemüsejulienne: 150 g Möhren · 150 g Zucchini · 100 g Magerquark · 4 Eßl. Crème fraîche oder saure Sahne · ½ Bund Schnittlauch · ½ Bund Petersilie · 2 Zweige Kerbel · 2 Zweige Basilikum · 1 Messerspitze Salz
Zum Garnieren: Dillzweige
Pro Tortelette etwa 1100 kJ/260 kcal
6 g Eiweiß · 19 g Fett · 17 g Kohlenhydrate · 3 g Ballaststoffe

Vorbereitungszeit: etwa 45 Minuten
Backzeit: 15–20 Minuten
Fertigstellung: etwa 5 Minuten

- Für die Tortelettes das Dinkel- und das Hirsemehl auf ein Backbrett geben. In die Mitte eine Mulde drücken und das Salz, den Cayennepfeffer, den Majoran sowie das Mineralwasser hineingeben.
- Die Butter in Flöckchen auf dem Mehlrand verteilen und die Zutaten mit kalten Händen schnell zu einem Mürbeteig zusammenkneten. Den Teig 5 Minuten ruhen lassen.
- 8 Tortelette-Förmchen von etwa 8 cm Durchmesser mit Butter ausfetten und mit Sesamsamen ausstreuen.
- Den Backofen auf 200° vorheizen.
- Den Teig auf der leicht bemehlten Arbeitsfläche mit dem Rollholz etwa 1 cm dick ausrollen. Mit einem Torteletteförmchen den Teig ausstechen und in die Förmchen legen, dabei leicht in die Randrille drücken, wobei der Rand nicht hochgezogen wird. Den Teig mit einer Gabel mehrmals einstechen, damit er beim Backen keine Blasen wirft.
- Die Tortelettes auf den Backofenrost stellen, in den Backofen (Mitte) schieben und in 15–20 Minuten hellbraun backen. Nach dem Backen auf ein Kuchengitter stürzen und abkühlen lassen.
- Für die Gemüsejulienne die Möhren und die Zucchini waschen; die Möhren möglichst nur abbürsten oder mit einem Messer leicht abschaben. Beides in streichholzfeine Streifen (Julienne) schneiden.
- Die Gemüsestreifen mischen und auf die abgekühlten Tortelettes häufen.
- Den Quark und die Crème fraîche oder die saure Sahne mit einem Schneebesen glattrühren. Den Schnittlauch, die Petersilie, den Kerbel und das Basilikum waschen, mit Küchenkrepp trockentupfen und fein hacken.
- Die gehackten Kräuter mit dem Salz in die Quarkmasse rühren und je 1 gehäuften Eßlöffel auf die Gemüsetortelettes setzen. Mit einem Stückchen Dill garnieren.

Tip: Es empfiehlt sich, gleich die doppelte Menge Tortelettes zu backen, damit der Backofen besser ausgenutzt wird. Man kann sie ungefüllt sehr gut einfrieren.

Saucen, Dips und Brotaufstrich

In diesem Kapitel habe ich Ihnen die »Begleiter« für Salate, Pasteten, Brot und Brötchen zusammengestellt. Besondere Tips für das Anrichten stehen beim jeweiligen Rezept.
Bei Salatsaucen empfehle ich, Salatzutaten und Sauce getrennt anzurichten. Dann kann jeder sich seinen Salat nach Geschmack mischen und die Salate, vor allem Blattsalate, fallen nicht so rasch zusammen.

Ganz einfach

Orangensauce

Zutaten für 4 Portionen:
½ Teel. Senf • 1 Messerspitze Currypulver oder Kurkuma • 1 Eßl. Walnußöl • 1 Teel. Apfeldicksaft • 1 Teel. Zitronensaft • 1 Zwiebel • 2 Orangen • ½ l Schwedenmilch oder 500 g Joghurt • 1 Prise Salz

Pro Portion etwa 650 kJ/150 kcal
7 g Eiweiß • 7 g Fett • 17 g Kohlenhydrate • 3 g Ballaststoffe

Zubereitungszeit: etwa 15 Minuten

- Den Senf, das Curry- oder Kurkumapulver, das Öl, den Apfeldicksaft und den Zitronensaft verrühren.
- Die Zwiebel schälen und fein reiben. 1 Orange auspressen und den Saft zur Sauce gießen. Die zweite Orange schälen, auch die weiße Innenhaut sorgfältig entfernen. Die Frucht in kleine Stückchen schneiden.
- Die Zwiebel, die Orangenstückchen und die Schwedenmilch oder den Joghurt in die Sauce rühren. Mit dem Salz abschmecken.

Ganz einfach

Minzsauce

Zutaten für 4 Portionen:
1 Zwiebel oder 2–3 Schalotten • 1 Knoblauchzehe • 150 g Joghurt • 150 g Crème fraîche oder saure Sahne • 1 Messerspitze Kräutersalz • 4 Eßl. Pfefferminze, frisch feingeschnitten
Pro Portion etwa 730 kJ/170 kcal
3 g Eiweiß • 16 g Fett • 5 g Kohlenhydrate • 1 g Ballaststoffe

Zubereitungszeit: etwa 10 Minuten
Kühlzeit: etwa 20 Minuten

- Die Zwiebel und den Knoblauch schälen und in sehr feine Würfel schneiden.
- Den Joghurt mit der Crème fraîche oder der sauren Sahne zu einer Sauce verrühren. Die Zwiebel- und die Knoblauchwürfel, das Kräutersalz sowie die Minze in die Sauce rühren.
- Die Minzsauce im Kühlschrank etwa 20 Minuten durchkühlen lassen.

Etwas teurer • Für Gäste

Pikante Preiselbeersahne

Bild Seite 46

Zutaten für 4 Portionen:
200 g Sahne • 1 Messerspitze Senfpulver • ½ Bund Schnittlauch • 100 g Preiselbeermus (Rezept Seite 62) • Salz und Pfeffer, frisch gemahlen • 30 g Walnußkerne, frisch gehackt
Zum Garnieren: eventuell einige Preiselbeeren
Pro Portion etwa 950 kJ/220 kcal
3 g Eiweiß • 21 g Fett • 7 g Kohlenhydrate • 2 g Ballaststoffe

Zubereitungszeit: etwa 10 Minuten

- Die Sahne steif schlagen und mit dem Senfpulver verrühren.
- Den Schnittlauch waschen, trockenschütteln und fein schneiden. Mit dem Preiselbeermus unter die Sahne mischen.
- Die Sauce mit Salz und Pfeffer abschmecken. Zum Schluß die Nüsse darunterheben. Nach Belieben mit einigen Preiselbeeren garnieren.

Paßt gut zu: allen Blattsalaten, vor allem zu Eissalat und Eichblattsalat. Auch zu Getreidepasteten und Brätlingen ist sie sehr zu empfehlen.

Schnell

Salatmayonnaise

Diese Grundmayonnaise eignet sich für weitere Dressings und Saucen wie Remoulade, Kräutersauce, Preiselbeersauce und so weiter.

Zutaten für 4 Portionen:
1 Ei · je 1 Prise Salz und Pfeffer, frisch gemahlen · 1 Eßl. Zitronensaft oder Obstessig · 1 Prise Senfpulver · 1 Teel. Akazienhonig · 100 ccm Distelöl oder Sonnenblumenöl
Pro Portion etwa 1000 kJ/240 kcal
2 g Eiweiß · 27 g Fett · 2 g Kohlenhydrate · 0 g Ballaststoffe

Zubereitungszeit: etwa 5 Minuten

- Das Ei, die Gewürze, den Zitronensaft oder Essig, das Senfpulver und den Honig in den Mixer geben und auf kleiner Stufe kurz durchmixen. Dann das Öl ganz langsam einlaufen lassen und mixen, bis eine dickcremige Mayonnaise entstanden ist.

Variante: Nach Belieben kann die Mayonnaise mit Joghurt oder Quark gemischt werden.

Tip: Übrig gebliebene Mayonnaise in ein Schraubglas füllen. Sie kann im Kühlschrank 3–4 Tage bis zur weiteren Verwendung aufbewahrt werden.

Ganz einfach · Für Gäste

Italienische Sauce

Zutaten für 4 Portionen:
100 g Mayonnaise (Rezept links) · 100 g Joghurt · 2 Eier · 2 Schalotten · 1 Knoblauchzehe · 1 Messerspitze Senfpulver · 3 Eßl. milchsauer eingelegte Gürkchen, fein gewürfelt · je ½ Bund Schnittlauch und Petersilie · je 1 Messerspitze Salz und Pfeffer · 1 Messerspitze Sardellenpaste (aus dem Reformhaus)
Pro Portion etwa 960 kJ/230 kcal
7 g Eiweiß · 23 g Fett · 5 g Kohlenhydrate · 1 g Ballaststoffe

Zubereitungszeit: etwa 15 Minuten

- Die Mayonnaise mit dem Joghurt verrühren.
- Die Eier hart kochen, abschrecken, schälen und in kleine Würfel schneiden. Die Schalotten und die Knoblauchzehe schälen. Die Schalotten kleinschneiden.
- Den Knoblauch durch die Presse geben oder würfeln und mit der Messerklinge zerdrücken.
- Das Senfpulver, die Zwiebelwürfel, den Knoblauch und die Gurkenwürfel mit der Sauce verrühren.
- Den Schnittlauch sowie die Petersilie waschen, trockenschütteln, fein hacken und in die Sauce geben. Mit Salz, Pfeffer und der Sardellenpaste abschmecken.

Schnell · Preiswert

Senfsauce

Zutaten für 4 Portionen:
250 g Magerquark · 100 g Crème fraîche · 2 Eßl. mittelscharfer Senf · 1 Messerspitze Ingwer, frisch gerieben.
Pro Portion etwa 620 kJ/150 kcal
10 g Eiweiß · 11 g Fett · 4 g Kohlenhydrate · 0 g Ballaststoffe

Zubereitungszeit: etwa 5 Minuten

• Den Quark mit der Crème fraîche, dem Senf und dem Ingwer mit dem Schneebesen gut verrühren.

Preiswert · Ganz einfach

Buttermilchdip

Zutaten für 4 Portionen:
250 g Sahnequark (40% Fett i. Tr.) · ¼ l Buttermilch · 1 Eßl. mittelscharfer Senf · 2 Knoblauchzehen · 1 Messerspitze Salz · 1 Zwiebel · 100 g Salatgurke · 5 Eßl. gemischte Kräuter (Schnittlauch, Petersilie, Dill, Kerbel, Estragon), frisch feingeschnitten · 1 Messerspitze weißer Pfeffer · 1 Borretschblüte
Pro Portion etwa 610 kJ/150 kcal
10 g Eiweiß · 8 g Fett · 8 g Kohlenhydrate · 1 g Ballaststoffe

Zubereitungszeit: etwa 15 Minuten

• Den Quark mit der Buttermilch und dem Senf verrühren.
• Die Knoblauchzehen schälen und auf einem Brett in kleine Würfel schneiden. Das Salz darüberstreuen und den Knoblauch mit der flachen Messerklinge zerdrücken.
• Die Zwiebel schälen und in kleine Würfel schneiden. Die Gurke heiß waschen und mit der Schale in winzig kleine Würfel schneiden.
• Die Kräuter mit dem Pfeffer, dem Knoblauch mit Salz, den Zwiebel- und Gurkenwürfeln in die Quarkmasse geben und alles verrühren.
• Den Buttermilchdip in eine Schüssel füllen und die Borretschblüte in die Mitte setzen.

Preiswert · Ganz einfach

Sahne-Rettich-Dip

Zutaten für 4 Portionen:
100 g Sahne · 250 g Magerquark · 1 kleiner Rettich · 1 Bund Radieschen · ½ Bund Petersilie · ½ Bund Dill · 1 Eßl. Kümmel · je 1 Messerspitze Salz und Pfeffer, frisch gemahlen
Pro Portion etwa 540 kJ/130 kcal
10 g Eiweiß · 9 g Fett · 4 g Kohlenhydrate · 1 g Ballaststoffe

Zubereitungszeit: etwa 15 Minuten

• Die Sahne steif schlagen und mit dem Quark verrühren.
• Den Rettich waschen, dünn schälen und in sehr kleine Würfel schneiden. Die Radieschen waschen, die Wurzeln und die Blätter abschneiden, von den zarten Blättern 3–5 Stück fein schneiden und mitverwenden. Die Radieschen ebenfalls in kleine Würfel schneiden. Die Kräuter waschen, mit Küchenpapier trockentupfen und fein hacken,
• Die Rettich- und Radieschenwürfel sowie die Kräuter in die Quarkmasse geben und unterrühren. Mit dem Kümmel, dem Salz und dem Pfeffer abschmecken.

Ganz einfach · Für Gäste

Quarkdip mit Kräutern

Zutaten für 4 Portionen:
Je 50 g rote und grüne Paprikaschote · 100 g Karotten/Möhren · 50 g gemischte Kräuter (Petersilie, Kerbel, Estragon, Kresse) · 3 Eßl. Olivenöl · je 1 Messerspitze Salz und weißer Pfeffer, frisch gemahlen · 250 g Magerquark
Pro Portion etwa 500 kJ/120 kcal
10 g Eißweiß · 7 g Fett · 6 g Kohlenhydrate · 2 g Ballaststoffe

Zubereitungszeit: etwa 15 Minuten

- Die Paprikaschoten halbieren, von den Kernen und weißen Trennwänden befreien und waschen. Die Karotten putzen und waschen. Die Kräuter waschen und trockenschütteln.
- Das Öl, das Salz, den Pfeffer und die Kräuter im Mixer pürieren. Den Quark zum Schluß hinzufügen und den Mixer noch kurz laufen lassen, bis die Masse sich gut vermischt hat.
- Die Paprikaschoten in kleine Würfel schneiden. Die Karotten fein raspeln und beides unter den Quarkdip heben.

Ganz einfach

Avocadodip mit Sesamsamen

Zutaten für 4 Portionen:
4 Eßl. Sesamsamen · 1 reife Avocado · 1 Eßl. Zitronensaft · 250 g Magerquark · je 1 Messerspitze Salz und weißer Pfeffer, frisch gemahlen · 1 Zwiebel
Pro Portion etwa 1200 kJ/290 kcal
13 g Eiweiß · 25 g Fett · 6 g Kohlenhydrate · 5 g Ballaststoffe

Zubereitungszeit: etwa 15 Minuten

- Die Sesamsamen in einer trockenen Pfanne rösten.
- Die Avocado halbieren, entsteinen, das Fruchtfleisch aus der Schale lösen, mit dem Zitronensaft beträufeln und mit einer Gabel zerdrücken.
- Die Avocadomasse mit dem Quark verrühren, dann mit dem Salz und dem Pfeffer würzen.
- Die Zwiebel schälen und in kleine Würfel schneiden. Die Zwiebelwürfel und die Sesamsamen unter den Avocadoquark rühren.

Schnell · Ganz einfach

Bananen-Curry-Dip

Zutaten für 4 Portionen:
½ l Schwedenmilch oder 500 g Joghurt · 3 Eßl. Walnußöl · 1 Eßl. Zitronensaft · je 1 Messerspitze Salz und Pfeffer, frisch gemahlen · 1 Teel. Currypulver · 1 Banane
Pro Portion etwa 760 kJ/180 kcal
6 g Eiweiß · 11 g Fett · 15 g Kohlenhydrate · 2 g Ballaststoffe

Zubereitungszeit: etwa 5 Minuten

- Die Schwedenmilch oder den Joghurt mit dem Öl, dem Zitronensaft, dem Salz, dem Pfeffer und dem Curry verrühren.
- Die Banane schälen, mit einer Gabel zerdrükken und in den Dip mischen.

Ganz einfach · Für Gäste

Sesambutter

Bild 3. Umschlagseite

Zutaten für 8 Portionen:
50 g Sesamsamen · 250 g weiche Butter · ½ Teel. Salz
Pro Portion etwa 1100 kJ/260 kcal
2 g Eiweiß · 29 g Fett · 1 g Kohlenhydrate · 1 g Ballaststoffe

Zubereitungszeit: etwa 15 Minuten

- Die Sesamsamen in einer trockenen Pfanne rösten, bis sie anfangen zu duften; auf einen Teller schütten und kalt stellen.
- Die Butter mit dem Handrührgerät schaumig rühren. Die abgekühlten Sesamsamen und das Salz daruntermischen.
- Die Sesambutter hält sich im Kühlschrank mehrere Tage.

Paßt gut zu: frischem Vollkornbrot oder Vollkornbrötchen.

Tip: Für ein kaltes Buffet fülle ich die Sesambutter in einen Spritzbeutel mit gezackter Tülle und spritze dicke Spiralen auf eine Platte oder einen Teller.

Preiswert · Ganz einfach

Tomatenbutter

Zutaten für 8 Portionen:
250 g weiche Butter · 2 Eßl. Tomatenmark · 1 kleine Schalotte · je 1 Messerspitze Salz und Pfeffer, frisch gemahlen · 1 Prise getrocknetes Basilikum
Pro Portion etwa 1000 kJ/240 kcal
1 g Eiweiß · 26 g Fett · 1 g Kohlenhydrate · 0 g Ballaststoffe

Zubereitungszeit: etwa 15 Minuten
Kühlzeit: etwa 15 Minuten

- Die Butter schaumig rühren. Das Tomatenmark dazugeben.
- Die Schalotte schälen und sehr fein hacken (oder durch die Knoblauchpresse drücken). Zur Buttermasse geben und mit dem Salz, dem Pfeffer sowie dem Basilikum abschmecken.
- Die Tomatenbutter in einen Spritzbeutel mit gezackter Tülle füllen und Rosetten auf einen Teller spritzen. Nach Belieben mit etwas Basilikum bestreuen. Etwa 15 Minuten in den Kühlschrank stellen.
- Tomatenbutter sollte aufgebraucht werden. Falls ein Rest bleibt, sollten Sie ihn bald und nur erhitzt, zum Beispiel in einem Gemüsegericht, verwenden.

Tip: Wenn Sie viel getrocknete Kräuter verwenden, empfehle ich eine Kräutermühle; die Kräuter lassen sich sehr fein vermahlen und schmecken intensiver.

Schnell · Ganz einfach

Roquefortbutter

Zutaten für 8 Portionen:
250 g weiche Butter · 150 g Roquefortkäse · 3 Eßl. Portwein · 2 Eßl. Crème fraîche · 1 Messerspitze weißer Pfeffer, frisch gemahlen
Pro Portion etwa 1400 kJ/330 kcal
4 g Eiweiß · 33 g Fett · 1 g Kohlenhydrate · 0 g Ballaststoffe

Zubereitungszeit: etwa 10 Minuten

- Die Butter schaumig rühren. Den Käse durch ein Sieb streichen oder mit einer Gabel zerdrükken.
- Die Butter, den Käse, den Portwein und die Crème fraîche gründlich vermischen. Mit dem Pfeffer abschmecken.
- Die Roquefortbutter sollte aufgebraucht werden.

Tip: Der Portwein kann nach Wunsch auch weggelassen werden.

Preiswert · Schnell

Käsebutter

Zutaten für 8 Portionen:
250 g weiche Butter · 150 g Schnittkäse (zum Beispiel Emmentaler) · 1 Messerspitze Senfpulver oder Paprikapulver
Pro Portion etwa 1300 kJ/310 kcal
6 g Eiweiß · 32 g Fett · 1 g Kohlenhydrate · 0 g Ballaststoffe

Zubereitungszeit: etwa 10 Minuten

- Die Butter schaumig rühren. Den Käse auf einer Rohkostreibe fein reiben.
- Den Käse mit der Butter vermischen. Mit dem Senfpulver oder dem Paprikapulver abschmekken.
- Die Käsebutter hält sich 1 Tag im Kühlschrank.

Paßt gut zu: frisch gebackenen Vollkornbrötchen oder Vollkornbrot. Auch als Aufstrich für Canapès zu empfehlen.

Ganz einfach · Für Gäste

Feine Kräuterbutter

Zutaten für 10 Portionen:
70 g gemischte Kräuter (Petersilie, Kerbel, Kresse, Basilikum, Estragon) · 1–2 Knoblauchzehen · 1 kleine Schalotte · 250 g weiche Butter · 1 Messerspitze Senf oder Senfpulver · 1 Messerspitze abgeriebene Schale von unbehandelter Zitrone · je 1 Messerspitze Salz und weißer Pfeffer, frisch gemahlen · 1 Bund Dill
Pro Portion etwa 820 kJ/200 kcal
1 g Eiweiß · 21 g Fett · 2 g Kohlenhydrate · 1 g Ballaststoffe

Zubereitungszeit: etwa 15 Minuten
Kühlzeit: 10 Minuten

- Die Kräuter waschen, mit Küchenpapier trokkentupfen und fein hacken. Die Knoblauchzehen und die Schalotte schälen und sehr klein schneiden.
- Die Butter schaumig rühren. Den Senf oder das Senfpulver, die Zitronenschale, das Salz, den Pfeffer und die Kräuter mit der Butter vermischen.
- Die Kräuterbutter in einen Spritzbeutel mit gezackter Tülle füllen und 10 Portionen auf eine Platte spritzen. Mit Dillzweigen garnieren und im Kühlschrank 10 Minuten durchkühlen lassen.

Tip: Die Kräuterbutter läßt sich gut einfrieren (siehe Tip bei Knoblauchbutter auf der folgenden Seite).

Preiswert · Ganz einfach

Knoblauchbutter

Zutaten für 8 Portionen:
250 g weiche Butter · 4 Knoblauchzehen · 1 Messerspitze Salz
Pro Portion etwa 1005 kJ/240 kcal
1 g Eiweiß · 26 g Fett · 2 g Kohlenhydrate · 0 g Ballaststoffe

Zubereitungszeit: etwa 10 Minuten

- Die Butter schaumig rühren.
- Die Knoblauchzehen schälen und auf einem Brett in kleine Würfel schneiden. Das Salz darüberstreuen und den Knoblauch mit der flachen Messerklinge zerdrücken; oder den Knoblauch durch die Presse drücken.
- Den Knoblauch mit dem Salz unter die Butter mischen.

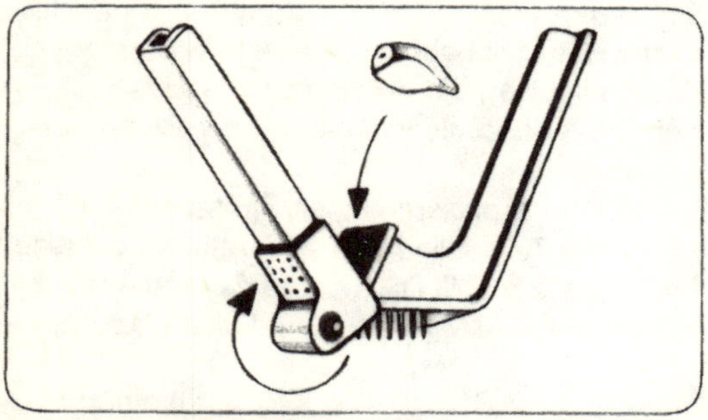

Wenn Sie oft Knoblauch verwenden, tut eine Knoblauchpresse gute Dienste. Ein Gerät, bei dem kleine Spitzen die Löcher reinigen, ist besonders praktisch.

Tip: Buttermischungen kann man auch auf Vorrat herstellen. Man formt sie in Folie zur Rolle und läßt sie etwa 2 Stunden vorfrieren. Danach schneidet man die Rolle in Scheiben und gefriert diese portionsweise ein.

Schnell

Bulgarische Käsecreme

Zutaten für 6 Portionen:
150 g bulgarischer Schafkäse · 150 g Magerquark · 100 g saure Sahne · 1 Messerspitze Salz · ½ Teel. Paprikapulver · 1 Teel. Kümmelkörner · 1 Messerspitze Senfpulver · 2 Knoblauchzehen
Pro Portion etwa 450 kJ/110 kcal
8 g Eiweiß · 8 g Fett · 3 g Kohlenhydrate · 0 g Ballaststoffe

Zubereitungszeit: etwa 10 Minuten

- Den Schafkäse mit einer Gabel zerdrücken und unter den Quark ziehen.
- Die Sahne mit der Masse verrühren. Mit dem Salz, dem Paprikapulver, dem Kümmel und dem Senfpulver abschmecken.
- Den Knoblauch schälen, fein hacken und zum Schluß daruntermischen.

Tip: Bulgarische Käsecreme serviere ich gerne in einem rustikalen Steinguttöpfchen und streue obenauf einige Kümmelkörner.

Schnell · Für Gäste

Pfefferkäse

Zutaten für 4 Portionen
100 g Schafkäse · 150 g Frischkäse oder Magerquark · 2 Eßl. gefriergetrocknete grüne Pfefferkörner · 1 kleiner Zweig Petersilie · 1 Radieschen
Pro Portion etwa 810 kJ/195 kcal
8 g Eiweiß · 17 g Fett · 1 g Kohlenhydrate · 0 g Ballaststoffe

Zubereitungszeit: etwa 8 Minuten

- Den Schafkäse mit einer Gabel zerdrücken. Den Frischkäse und die Pfefferkörner darunter-mischen.
- Den Pfefferkäse auf einen Teller häufen, mit der Petersilie und dem Radieschen garnieren.

Paßt gut zu: Vollkorn-Laugenbrezeln.

Preiswert

Kräuterkäse

Zutaten für 4 Portionen:
200 g Frischkäse · 100 g Crème fraîche · 1 kleine Zwiebel · 2 Knoblauchzehen · einige kleine Zweige Petersilie, Kerbel, Estragon, Borretsch und Dill · je 1 Messerspitze Senfpulver und schwarzer Pfeffer, frisch gemahlen · 2 Tomaten
Pro Portion etwa 1200 kJ/290 kcal
7 g Eiweiß · 26 g Fett · 4 g Kohlenhydrate · 1 g Ballaststoffe

Zubereitungszeit: etwa 15 Minuten

- Den Frischkäse mit der Crème fraîche in eine Schüssel geben und mit dem Schneebesen glattrühren.
- Die Zwiebel sowie die Knoblauchzehen schälen und fein würfeln. Die Kräuter waschen, trokkenschütteln und fein schneiden.
- Die Zwiebel- und Knoblauchwürfel, die Kräuter, das Senfpulver sowie den Pfeffer unter den Käse mischen.
- Den Kräuterkäse auf einem Teller anrichten. Die Tomaten waschen, in Achtel schneiden und den Käse damit umlegen.

Braucht etwas Zeit · Kichererbsen vorgekeimt

Getreideaufstrich

Zutaten für 4 Portionen:
100 g Kichererbsen · 3 Eßl. Olivenöl · 3 Eßl. gemischte Kräuter (Petersilie, Kerbel, Dill, Schnittlauch), frisch gehackt · 1 kleine Zwiebel · 1–2 Knoblauchzehen · 2 Eßl. Sesamsamen · je 1 Messerspitze Salz, Pfeffer, frisch gemahlen, und Paprikapulver
Pro Portion etwa 690 kJ/160 kcal
7 g Eiweiß · 10 g Fett · 14 g Kohlenhydrate · 4 g Ballaststoffe

Einweichzeit: 4–5 Stunden
Keimzeit: 3–4 Tage
Zubereitungszeit: etwa 10 Minuten

- Die Kichererbsen waschen, dann mit so viel Wasser einweichen, daß sie völlig im Wasser liegen. 4–5 Stunden stehen lassen.
Die Kichererbsen nach der Einweichzeit auf ein Sieb schütten und in einem Keimgerät zum Keimen bringen (siehe Seite 9); dabei täglich 2- bis 3mal mit frischem Wasser übergießen.
- Wenn die Keimlinge etwa ½ cm lang sind, die Kichererbsen in den Mixer geben. Das Öl und die Kräuter dazugeben. Mixen, bis alles eine feine Paste geworden ist.
- Die Zwiebel sowie den Knoblauch schälen, sehr fein hacken und unter die Paste mischen. Mit dem Sesamsamen, dem Salz, dem Pfeffer und dem Paprikapulver würzen.
- Den Getreideaufstrich in ein Schraubglas füllen, in den Kühlschrank stellen und in 1–2 Tagen verbrauchen.

Ganz einfach · Etwas teurer

Preiselbeermus mit Honig

Zutaten für 8 Portionen:
500 g Preiselbeeren · ¼ l Rotwein oder roter Traubensaft · 1 Teel. Agar-Agar · 100 g Akazienhonig
Pro Portion etwa 350 kJ/85 kcal
1 g Eiweiß · 1 g Fett · 14 g Kohlenhydrate · 2 g Ballaststoffe

Zubereitungszeit: etwa 10 Minuten
Kühlzeit: etwa 1 Stunde

- Die Preiselbeeren verlesen, auf einem Sieb mit Wasser überbrausen und abtropfen lassen.
- Die Beeren mit dem Rotwein oder Traubensaft, dem Agar-Agar und dem Honig in einen Topf geben und unter ständigem Rühren auf 40° erwärmen.
- Die Masse sofort in zwei Gläser füllen und mit einem Schraubdeckel verschließen. Etwa 1 Stunde kühlen. Preiselbeermus hält sich im Kühlschrank etwa 14 Tage.

Tip: Preiselbeermus eignet sich als Beigabe zu Birnen und Käse oder zum Füllen von Gebäck.

Ganz einfach

Nußmus

Zutaten für 1 Glas (10 Portionen):
50 g Hafer · 100 g Haselnußkerne · 1 Eßl. Akazienhonig · 1 Eßl. Kakao oder Carob · etwas Wasser
Pro Portion etwa 380 kJ/90 kcal
3 g Eiweiß · 7 g Fett · 6 g Kohlenhydrate · 1 g Ballaststoffe

Zubereitungszeit: etwa 20 Minuten

- Den Hafer in einer trockenen Pfanne rösten (darren), bis er anfängt zu duften; sofort auf einen Teller schütten und auskühlen lassen.
- Die Nüsse fein mahlen, ebenfalls in der trokkenen Pfanne rösten, bis sie goldgelb sind; dann sofort auf einen Teller schütten (da sie sonst in der heißen Pfanne noch nachrösten) und erkalten lassen.
- Den Hafer fein mahlen, mit dem Honig, den Nüssen und dem Kakao oder Carob zu einer streichfähigen Masse verrühren. Falls notwendig etwas Wasser dazugießen.
- Das Nußmus in ein Schraubglas füllen und im Kühlschrank aufbewahren. Es hält sich im Kühlschrank 3–4 Tage.

Varianten: Das Nußmus schmeckt auch köstlich, wenn man es mit Zimt und Nelkenpulver würzt oder einen Schuß Rum daruntermischt.

Paßt gut zu: Vollkornbrötchen. Ich verwende es auch zum Füllen von Heferollen und Hörnchen.

Wenn Sie eine ausgefallene Brotspezialität suchen, sollten Sie Walnußbaguettes backen. Es geht ganz einfach (von links nach rechts): Den Hefeteig gründlich kneten; den Teig in vier Teile und diese nochmals teilen; die einzelnen Teigstücke zu Rollen formen; jeweils zwei Rollen miteinander verschlingen; die Brote auf dem Blech, mit feuchtem Tuch bedeckt, gehen lassen; die knusprig gebackenen Stangenbrote anrichten. Rezept Seite 86. ▷

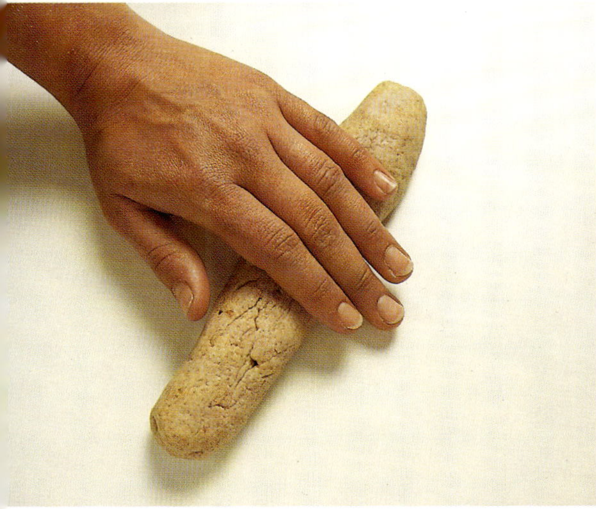

Beliebte Desserts

Ein leichtes Dessert macht für viele ein Menü erst komplett. In diesem Kapitel finden Sie aber auch einige eher »gewichtige« Süßspeisen, die als süße Hauptmahlzeit, vielleicht mit einer Suppe oder Rohkost zuvor, serviert werden können. Rezepte für Eisspezialitäten und Gebäck schließen sich im folgenden Kapitel an. Bei einem kalten Buffet sollten Sie das oder die vorgesehenen Desserts in kleinen Portionsschälchen anrichten. Das sieht hübscher aus als eine große Schüssel, deren Dekoration beim Herausnehmen schnell unansehnlich wird.

Ganz einfach · Etwas teurer

Apfel-Nuß-Sahne

Zutaten für 4 Portionen:
100 g Walnußkerne · 2 Äpfel mit roter Schale · 2 Eßl. Lindenblüten- oder Akazienhonig · 1 Messerspitze gemahlene Vanille- oder Zimtpulver · 200 g Sahne
Zum Garnieren: 1 Apfel
Pro Portion etwa 1700 kJ/400 kcal
6 g Eiweiß · 32 g Fett · 25 g Kohlenhydrate · 5 g Ballaststoffe

Zubereitungszeit: etwa 15 Minuten

◁ Diese Torte mit Tradition hat auch in der Vollwertküche ihren Platz verdient. Die Flockentorte aus Brandteig, mit feiner Quarkcreme und frischen Beeren gefüllt, paßt auf ein Buffet ebenso gut wie auf die Kaffeetafel. Rezept Seite 74.

• Die Nüsse grob hacken. Die Äpfel gründlich waschen, vom Kerngehäuse befreien und mit der Schale grob raspeln oder kleinschneiden.
• Den Honig und die Vanille oder den Zimt mit den Nüssen und den Apfelraspeln oder -stückchen in einer Schüssel mischen.
• Die Sahne steif schlagen und unter die Nuß-Apfel-Masse ziehen. Das Dessert in vier Portionsschalen oder -gläser füllen und mit Apfelspalten garnieren.

Ganz einfach

Aprikosenschaum

Zutaten für 6 Portionen:
250 g ungeschwefelte getrocknete Aprikosen · ¼ l Wasser · 1 Stange Zimt · 2 Nelken · etwas abgeriebene Schale von unbehandelter Zitrone · 300 g Sahne · 2 Eßl. Walnußkerne, frisch gehackt
Pro Portion etwa 1200 kJ/290 kcal
4 g Eiweiß · 19 g Fett · 26 g Kohlenhydrate · 4 g Ballaststoffe

Quellzeit: 5–6 Stunden
Zubereitungszeit: etwa 15 Minuten

• Die Aprikosen waschen, mit dem Wasser begießen, den Zimt und die Nelken dazugeben und die Früchte 5–6 Stunden quellen lassen.
• Danach die Zimtstange und die Nelken entfernen. Die Aprikosen mit der Zitronenschale mit einem Pürierstab oder im Mixer zermusen.
• Die Sahne steif schlagen, etwa ein Drittel davon zum Garnieren beiseite stellen, die übrige Schlagsahne unter das Fruchtmus rühren.
• Den Aprikosenschaum auf sechs Dessertschalen verteilen, mit der restlichen Sahne und den Walnüssen garnieren.

Ganz einfach

Bananen-Trauben-Salat

Zutaten für 4 Portionen:
2 Bananen · Saft von 1 Zitrone · 500 g blaue Weintrauben · 1 Schuß Sherry, ersatzweise Orangensaft · 100 g Sahne · 100 g Magerjoghurt · 1 Messerspitze Ingwer, frisch gerieben
Pro Portion etwa 1100 kJ/260 kcal
4 g Eiweiß · 9 g Fett · 43 g Kohlenhydrate · 5 g Ballaststoffe

Zubereitungszeit: etwa 15 Minuten

- Die Bananen schälen, in Scheiben schneiden und mit dem Zitronensaft beträufeln.
- Die Weintrauben heiß waschen, von den Stielen zupfen, halbieren, entkernen und zu den Bananen geben. Den Sherry oder Saft dazugeben und den Salat mischen.
- Die Sahne steif schlagen. Nach und nach den Joghurt darunterrühren und die Mischung mit dem Ingwer abschmecken. Die Joghurtsahne getrennt zum Salat servieren.

Das paßt dazu: frisch gebackene Walnußschäumchen (Rezept Seite 76).

Braucht etwas Zeit · Für Gäste

Fruchtsalat

Zutaten für 4 Portionen:
50 g ungeschwefelte Rosinen · 4 Eßl. Rum oder aromatischer Fruchtsaft · 200 g Honigmelone · 2 Orangen · 200 g frische Ananas · 200 g helle Weintrauben · 50 g Walnußkerne

Pro Portion etwa 1100 kJ/260 kcal
5 g Eiweiß · 9 g Fett · 41 g Kohlenhydrate · 6 g Ballaststoffe

Zeit zum Durchziehen: 5–6 Stunden oder über Nacht
Zubereitungszeit: etwa 20 Minuten

- Die Rosinen mit dem Rum oder Saft begießen und 5–6 Stunden oder über Nacht zugedeckt ziehen lassen.
- Am folgenden Tag die Melone schälen, entkernen und das Fruchtfleisch in kleine Würfel schneiden. Die Orangen schälen und filetieren.

Für Orangenfilets wird die Orange mit scharfem Messer geschält und das Fruchtfleisch zwischen den Trennwänden ganz einfach herausgeschnitten.

Die Ananas schälen, holzige Teile herausstechen und das Fruchtfleisch in Würfel schneiden. Die Trauben heiß waschen, abzupfen und halbieren, eventuell entkernen.
- Das vorbereitete Obst mit den Rum- oder Saftrosinen mischen. Die Walnußkerne grob hacken und über den Fruchtsalat streuen.

Ganz einfach · Schnell

Bananensplit

Zutaten für 4 Portionen:
500 g Erdbeeren oder Himbeeren · 4 Bananen · Saft von 1 Zitrone · 8 Kugeln Vanilleeis (Rezept Seite 72) · 200 g Sahne
Pro Portion etwa 2600 kJ/620 kcal
13 g Eiweiß · 39 g Fett · 60 g Kohlenhydrate · 9 g Ballaststoffe

Zubereitungszeit: etwa 15 Minuten

- Die Beeren waschen, putzen und im Mixer pürieren.
- Die Bananen in dünne Scheiben schneiden, aber so, daß sie unten noch zusammenhängen. Mit dem Zitronensaft beträufeln. Je 1 Banane auf einen Teller legen und die Eiskugeln auf die Bananen verteilen.
- Die Sahne steif schlagen und mit einem Spritzbeutel mit gezackter Tülle auf das Eis spritzen. Die Beerensauce darübergießen.

Das paßt dazu: Mandel-Knusperplätzchen (Rezept Seite 76).

Ganz einfach · Braucht etwas Zeit · Für Gäste

Erdbeersülze

Zutaten für 6 Portionen:
250 g Erdbeeren · ½ l naturtrüber Apfelsaft · 1 Teel. Agar-Agar · 100 g Sahne · 1 Messerspitze gemahlener Ingwer · 1 Eßl. Knusperflocken
Pro Portion etwa 450 kJ/110 kcal
1 g Eiweiß · 6 g Fett · 13 g Kohlenhydrate · 1 g Ballaststoffe

Zubereitungszeit: etwa 15 Minuten
Kühlzeit: etwa 2 Stunden

- Die Erdbeeren waschen, putzen, 6 schöne Beeren beiseite legen, den Rest kleinschneiden und auf 6 Dessertgläser verteilen.
- Den Apfelsaft in einem Topf mit dem Agar-Agar gut verrühren, unter Rühren zum Kochen bringen, vom Herd nehmen und etwas abkühlen lassen. Die Geleeflüssigkeit in die Dessertgläser auf die Erdbeeren gießen und die Sülzen im Kühlschrank etwa 2 Stunden auskühlen lassen.
- Die Sahne steif schlagen, mit dem Ingwer abschmecken, in einen Spritzbeutel mit gezackter Tülle füllen und die Erdbeersülzen damit garnieren. Die Knusperflocken darüberstreuen und jede Portion mit einer Erdbeere krönen.

Braucht etwas Zeit · Für Gäste

Kirschbecher nach Schwarzwälder Art

Zutaten für 4 Portionen:
250 g Sauerkirschen · 4 Eßl. Kirschlikör oder Kirschsaft · 100 g trockenes Vollkornbrot · 50 g Haselnußkerne · ½ l Milch · 50 g Arrowroot · 20 g Carob · 2 Eßl. Birnendicksaft oder Ahornsirup · 200 g Sahne
Pro Portion etwa 2100 kJ/500 kcal
11 g Eiweiß · 29 g Fett · 46 g Kohlenhydrate · 3 g Ballaststoffe

Zubereitungszeit: etwa 30 Minuten
Kühlzeit: etwa 1 Stunde

- Die Sauerkirschen waschen und entsteinen, mit dem Likör oder Saft begießen und in vier Dessertgläser aufteilen.

- Das Vollkornbrot und die Nüsse reiben und miteinander mischen.
- Die Milch mit dem Arrowroot, dem Carob und dem Birnendicksaft oder Ahornsirup in einem Topf mit dem Schneebesen verrühren, zum Kochen bringen (nur bis zum Siedepunkt!) und rühren, bis die Masse cremig wird. Die Creme etwa 1 Stunde abkühlen lassen.
- Die Sahne steif schlagen. Die Hälfte unter die kalte Creme heben.
- Die Creme und die Nußmischung schichtweise auf die Kirschen in die Gläser füllen. Mit der restlichen Sahne hübsch garnieren und gekühlt servieren.

Ganz einfach · Für Gäste

Nußcreme

Zutaten für 4 Portionen:
70 g Haselnußkerne · ½ l Milch · 40 g Kuzu (Pfeilwurzelmehl) · 1 Eßl. Birnendicksaft oder Ahornsirup · 2 Eier · 200 g Sahne
Pro Portion etwa 1800 kJ/430 kcal
11 g Eiweiß · 34 g Fett · 21 g Kohlenhydrate · 2 g Ballaststoffe

Zubereitungszeit: etwa 20 Minuten
Kühlzeit: etwa 1 Stunde

- Die Haselnüsse in einer trockenen Pfanne rösten, dann auf ein Tuch schütten und mit den Handflächen gegeneinander reiben, damit sich die äußeren Nußhäutchen lösen.
- Die Milch mit dem Kuzu und dem Birnendicksaft oder Ahornsirup in einem Topf verrühren, unter Rühren aufkochen, bis die Masse cremig wird.
- Den Topf von der Kochstelle nehmen. Die Eier in Eigelb und Eiweiß trennen. Die Eigelbe mit 3 Eßlöffeln heißer Creme verrühren und unter die übrige Creme mischen.
- 8 ganze Haselnüsse zum Garnieren beiseite legen, den Rest fein reiben und in die Creme rühren.
- Die Eiweiße und die Sahne getrennt steif schlagen. Etwas Sahne zum Verzieren zurücklassen. Die übrige Schlagsahne und den Eischnee unter die Creme ziehen. Die Nußcreme in eine Glasschüssel füllen und etwa 1 Stunde kalt stellen.
- Die Creme vor dem Servieren mit der restlichen Sahne und den Haselnüssen garnieren.

Braucht etwas Zeit

Kalter Fruchtrisotto

Zutaten für 6 Portionen:
50 g geschälte Mandeln, frisch gehackt · 300 g Naturreis (Rundkorn) · 600 ccm ungesüßter Apfelsaft · abgeriebene Schale und Saft von 1 unbehandelten Zitrone · 200 g kleine helle und blaue Weintrauben · 200 g Bananen · 2 Eßl. flüssiger Honig · 250 g Sahne
Pro Portion etwa 2000 kJ/480 kcal
7 g Eiweiß · 19 g Fett · 67 g Kohlenhydrate · 5 g Ballaststoffe

Zubereitungszeit: 35–40 Minuten
Kühlzeit: 2–3 Stunden

- Die Mandeln in einer trockenen Pfanne goldgelb rösten; abkühlen lassen.
- Den Reis in einem Sieb waschen, in einen Topf geben und mit dem Apfelsaft, der Zitronenschale und dem Zitronensaft mischen, unter Rühren zum Kochen bringen. Die Temperatur zurückschalten und den Reis bei schwacher

Hitze zugedeckt in 20–30 Minuten ausquellen lassen; er soll locker und körnig werden.

- Inzwischen die Trauben waschen und abzupfen, die Bananen schälen und in Scheiben schneiden. Den Reis in eine Schüssel füllen. Die Trauben und Bananenscheiben mit dem Honig unter den Reis mischen.
- Die Sahne steif schlagen und unter den Fruchtrisotto heben. Das Dessert in Portionsgläser füllen, mit den Mandeln bestreuen und 2–3 Stunden kühl stellen.

Varianten: Statt der Trauben können Sie auch andere Früchte nehmen, zum Beispiel Aprikosen oder Pfirsiche; auch Rosinen oder Trockenobst schmecken köstlich. Mit Rum oder Grand Marnier bekommt der Risotto einen besonderen Pfiff.

Tip: Mandeln sollten für helle Speisen abgezogen (siehe Seite 96) werden. In dunklen Speisen kann man sie mit der Haut verarbeiten.

Braucht etwas Zeit

Mokkacreme

Zutaten für 4 Portionen:
600 ccm Milch · 1 Teel. Agar-Agar · 2 Eßl. flüssiger Honig oder Zuckerrübensirup · 2 Teel. Instant-Kaffee (ersatzweise Getreidekaffee Instant) · eventuell 2 Eßl. Rum · 100 g Sahne · 1 Eßl. Walnußkerne, frisch gehackt
Pro Portion etwa 970 kJ/230 kcal
6 g Eiweiß · 16 g Fett · 14 g Kohlenhydrate · 1 g Ballaststoffe

Zubereitungszeit: etwa 15 Minuten
Kühlzeit: etwa 2 Stunden

- Die Milch mit dem Agar-Agar in einem Topf gut verrühren, zum Kochen bringen (nur bis zum Siedepunkt!).
- Die Mischung vom Herd nehmen, mit dem Honig oder Sirup süßen und das Kaffeepulver sowie eventuell den Rum dazugeben. Die Creme verrühren, in vier Portionsgläser füllen und etwa 2 Stunden kalt stellen.
- Die Sahne steif schlagen, in einen Spritzbeutel mit gezackter Tülle füllen und die Creme damit garnieren. Mit den Nüssen bestreuen.

Nicht ganz einfach · Für Gäste

Reistimbale mit frischen Beeren

Bild Umschlag-Rückseite

Zutaten für 4 Portionen:
300 ccm Wasser · 150 g Naturreis (Rundkorn) · 4 Blatt weiße Gelatine oder 1 Teel. Agar-Agar · 1 Schuß Rum oder 1 Messerspitze Zimtpulver · 2 Eßl. Birnendicksaft oder flüssiger Honig · 200 g Sahne · 500 g Johannisbeeren oder Erdbeeren
Zum Verzieren: 100 g Sahne, eventuell einige Johannisbeeren oder Erdbeeren
Pro Portion etwa 1900 kJ/450 kcal
8 g Eiweiß · 25 g Fett · 46 g Kohlenhydrate · 6 g Ballaststoffe

Garzeit für den Reis: 20–30 Minuten
Zubereitungszeit: etwa 30 Minuten
Kühlzeit: etwa 1 Stunde

- Das Wasser in einem Topf zum Kochen bringen. Den Reis im Sieb waschen, in das kochende Wasser geben, umrühren, und einmal aufkochen lassen. Die Temperatur zurückschalten und den Reis 20–30 Minuten bei schwacher Hitze zugedeckt quellen lassen.

- Die Gelatine in kaltem Wasser einweichen, ausdrücken, dann in den heißen Reis geben und auflösen. Oder das Agar-Agar in 3 Eßlöffeln kaltem Wasser anrühren und zum heißen Reis geben.
- Den Reisbrei mit dem Rum oder Zimt und dem Birnendicksaft oder Honig abschmecken und abkühlen lassen.
- Die Sahne steif schlagen. Die Beeren waschen, putzen, von den Stielen zupfen und zusammen mit der Sahne unter den fast kalten Reis heben.
- Den Reisbrei in eine runde Timbalenform oder eine Puddingform oder in Portionsförmchen füllen und etwa 1 Stunde kühlen.
- Die Reistimbale auf eine runde Glasplatte oder einen Teller stürzen. Die Sahne steif schlagen. Das Dessert damit und eventuell noch mit frischen Beeren verzieren.

Ganz einfach

Flammeri auf Sahne

Zutaten für 6 Portionen:
½ l Wasser · 30 g Kuzu (Pfeilwurzelmehl) · 1 Eßl. Carob · 4 Teel. Instant-Kaffee oder Getreidekaffee Instant · 2 Eigelb · 3 Eßl. flüssiger Honig · eventuell 2 Eßl. Mandellikör (Amaretto) oder Rum · 50 g Walnußkerne, frisch gehackt · 100 g Vollkornbrösel aus Kuchen- oder Brötchenresten · 200 g Sahne
Zum Garnieren: 2 Eßl. Walnußkerne, grob gehackt
Pro Portion etwa 1400 kJ/330 kcal
7 g Eiweiß · 21 g Fett · 26 g Kohlenhydrate · 1 g Ballaststoffe

Zubereitungszeit: etwa 20 Minuten
Kühlzeit: 2–3 Stunden

- Das Wasser mit dem Kuzu, dem Carob und dem Pulverkaffee in einem Topf verrühren und unter Rühren zum Kochen bringen; einmal aufkochen lassen, vom Herd nehmen und erkalten lassen.
- Die Eigelbe mit dem Honig zu einer Schaummasse schlagen und in die abgekühlte Kaffeecreme rühren. Den Likör oder Rum (kann auch weggelassen werden), die Walnüsse und die Vollkornbrösel daruntermischen.
- Die Masse in eine Schüssel füllen und 2–3 Stunden kalt stellen.
- Die Sahne halb steif schlagen (sie soll noch fließen) und auf sechs Teller gießen.
- Von dem erkalteten Flammeri mit einem Löffel Portionen abstechen, auf die Sahne setzen und mit den grob gehackten Walnüssen bestreuen.

Nicht ganz einfach · Etwas teurer

Bananenpudding mit Rotweinpflaumen

Zutaten für 4–6 Portionen:
Für den Pudding: 400 ccm Milch · 150 g Vollkornbrösel · 2 Bananen · Saft und abgeriebene Schale von ½ unbehandelten Zitrone · 3 Eier · 1–2 Eßl. flüssiger Honig · 2 Eßl. Rum oder Fruchtsaft · 100 g Walnußkerne, frisch gehackt
Für die Form: Butter
Für die Rotweinpflaumen: 500 g Dörrpflaumen · ½ l Rotwein, ersatzweise roter Fruchtsaft · ½ Stange Zimt · 2 Nelken
Bei 4 Portionen pro Portion etwa 3800 kJ/900 kcal

21 g Eiweiß · 25 g Fett · 130 g Kohlenhydrate · 15 g Ballaststoffe

Vorbereitungszeit: etwa 20 Minuten
Garzeit: etwa 1 Stunde und 10 Minuten
Kühlzeit: etwa 2 Stunden

- Eine verschließbare Puddingform gründlich ausfetten.
- Die Milch erhitzen und die Brösel darin einweichen. Die Masse durch ein Sieb streichen.
- Die Bananen schälen, mit der Gabel zerdrükken und mit dem Zitronensaft beträufeln.
- Die Eier mit dem Honig sehr schaumig schlagen.
- Die Bröselmasse, die Zitronenschale, den Rum oder Fruchtsaft, die Bananen und die Nüsse unter die Eischaummasse ziehen und alles in die Puddingform füllen. Die Form verschließen und den Pudding im Wasserbad etwa 1 Stunde und 10 Minuten garen.
- Die Form öffnen, auf eine Platte stürzen und den Pudding mit der Form etwa 2 Stunden auskühlen lassen.
- Die Pflaumen mit dem Rotwein oder Saft, der Zimtstange und den Nelken weich kochen und warm oder kalt zum Pudding servieren.

Preiswert · Braucht etwas Zeit

Grießflammeri mit Orangenfilets

Zutaten für 4 Portionen:
3 Blatt weiße Gelatine oder 1 Teel. Agar-Agar · ¼ l Milch · 1 Prise Salz · 40 g Vollkorngrieß · 1 Teel. Birnendicksaft · abgeriebene Schale von ½ unbehandelten Orange · 2 Eßl. Orangenlikör oder Orangensaft · 200 g Sahne
Für die Förmchen: Öl
Zum Garnieren: 1 Orange
Pro Portion etwa 1100 kJ/260 kcal
7 g Eiweiß · 18 g Fett · 21 g Kohlenhydrate · 1 g Ballaststoffe

Zubereitungszeit: etwa 20 Minuten
Kühlzeit: mindestens 3–4 Stunden

- Die Gelatine in reichlich kaltem Wasser einweichen oder das Agar-Agar mit der Milch zum Kochen bringen.
- Die Milch mit dem Salz und dem Vollkorngrieß unter Rühren aufkochen, dann bei ausgeschalteter Herdplatte 10 Minuten quellen lassen.
- Den Birnendicksaft, die Orangenschale und den Orangenlikör oder -saft in den Grießbrei rühren.
- Bei Verwendung von Gelatine, diese auf ein Sieb schütten, abtropfen lassen, sofort in den heißen Grießbrei geben und rühren, bis sie sich aufgelöst hat. Den Grießbrei kalt stellen; zwischendurch mehrmals umrühren.
- Vier Flammeriförmchen gut ausölen.
- Die Sahne steif schlagen und vorsichtig unter den erkalteten Grießbrei heben. Den Brei in die Förmchen füllen und diese mindestens 3–4 Stunden in den Kühlschrank stellen.
- Von der Orange mit einem Messer die Schale so gründlich abschälen, daß auch die weiße Haut völlig entfernt wird. Jedes Segment auf beiden Seiten zwischen Fruchtfleisch und Trennhaut einschneiden; dabei den abtropfenden Saft auffangen. Wenn alle Segmente ausgeschnitten sind, aus dem verbleibenden Orangenrest mit der Hand den Saft auspressen.
- Zum Servieren die Förmchen kurz in heißes Wasser tauchen und die Flammeris auf einen Teller stürzen. Mit den Orangenfilets garnieren und den Saft darübergießen.

Eis und süßes Gebäck

Eis und Desserts mit Eis sind bei kleinen und großen Gästen beliebt. Im Gefrierfach oder -gerät läßt sich ein feines vollwertiges Eis sehr gut herstellen. Eine Eismaschine lohnt sich, wenn Sie häufig und viel Eis zubereiten wollen. Das Eisergebnis ist noch besser, weil das Eis nicht kristallisiert, sondern cremig bleibt. Die Gefrierzeit beträgt in der Maschine auch nur 30–40 Minuten.
Die Backrezepte in diesem Kapitel und auf den Seiten 97, 98 sind als Anregung gedacht. Vieles läßt sich variieren. Zum Knabbern oder auch für eine Einladung oder ein Buffet sollen sie das vollwertige Angebot abrunden.

Ganz einfach · Für Gäste

Bananeneis mit Sanddorn

Zutaten für 6–8 Portionen:
2 Eier · 100 g Sanddornsaft, mit Honig gesüßt · 2 kleine Bananen · ½ l Milch · 2 Eßl. Walnußkerne, frisch gehackt
Bei 6 Portionen pro Portion etwa 680 kJ/160 kcal
7 g Eiweiß · 9 g Fett · 15 g Kohlenhydrate · 2 g Ballaststoffe

Zubereitungszeit: etwa 15 Minuten
Gefrierzeit: 5–6 Stunden (in der Eismaschine 30–40 Minuten)

• Die Eier in Eigelb und Eiweiß trennen. Die Eigelbe mit dem Sanddornsaft schaumig rühren.
• Die Bananen schälen, mit einer Gabel zerdrücken und mit der Milch zur Schaummasse geben.
• Die Eiweiße steif schlagen, ebenfalls in die Masse geben und alles vorsichtig mischen.
• Die Creme in eine Eisschale oder eine Schüssel aus Glas oder Edelstahl füllen und im Gefrierfach oder -gerät 5–6 Stunden gefrieren lassen; dabei mehrmals umrühren.
• Das Eis portionieren und vor dem Anrichten mit den Walnüssen bestreuen.

Ganz einfach

Vanilleeis

Dieses Vanilleeis habe ich bei einigen Desserts verwendet. Man kann es gut auf Vorrat herstellen und bei Bedarf aus dem Gefrierfach oder -gerät nehmen. Ich empfehle Ihnen jedoch, das Eis möglichst in Portionen (Kugeln) einzufrieren, da es leicht kristallisiert, wenn man von der Gesamtmenge nur einen Teil entnimmt und den Rest immer wieder ins Gefriergerät zurückstellt.

Zutaten für 4 Portionen (etwa 8 Kugeln):
2 Eier · 2 Eßl. flüssiger Honig oder Ahornsirup · 1 Messerspitze gemahlene Vanille · ¼ l frische Milch · 4 Meßlöffel Bio-Bin oder 1 Teel. Arrowroot · 200 g Sahne
Pro Portion etwa 1100 kJ/260 kcal
8 g Eiweiß · 22 g Fett · 12 g Kohlenhydrate · 0 g Ballaststoffe

Zubereitungszeit: etwa 15 Minuten
Gefrierzeit: 5–6 Stunden (mit der Eismaschine 30–40 Minuten)

• Die Eier in Eigelb und Eiweiß trennen. Die Eigelbe, den Honig oder Ahornsirup und die Vanille zusammen sehr schaumig schlagen.
• Die Milch mit dem Bio-Bin oder Arrowroot erhitzen und unter ständigem Rühren in die Schaummasse geben. Alles vorsichtig mit dem Schneebesen aufschlagen. Die Masse auskühlen lassen.

• Die Eiweiße und die Sahne getrennt steif schlagen und beides unter die Vanillemasse ziehen. Die Creme in eine Glas- oder Edelstahlschüssel füllen und im Gefrierfach oder -gerät 5–6 Stunden gefrieren lassen; dabei hin und wieder durchrühren.

Braucht etwas Zeit · Nicht ganz einfach · Für Gäste

Eiskuchen

Zutaten für 1 Kastenform von 30 cm Länge:
100 g Rosinen · 4 Eßl. Rum
Für den Teig: 5 Eier · 1 Prise Salz · 3 Eßl. lauwarmes Wasser · 125 g flüssiger Honig · 130 g Dinkel, fein gemahlen · 1 Messerspitze Weinsteinbackpulver · 1 Eßl. ungesüßtes Kakaopulver oder Carob
Für das Parfait: 8 Eigelb · 2 Eßl. flüssiger Honig · 250 g Sahne · 4 Meßlöffel Bio-Bin
Zum Garnieren: 250 g Sahne · 2 Eßl. Pistazien, frisch gehackt
Bei 16 Stücken pro Stück etwa 1000 kJ/240 kcal
7 g Eiweiß · 16 g Fett · 19 g Kohlenhydrate · 2 g Ballaststoffe

Vorbereitungszeit: etwa 15 Minuten
Backzeit: etwa 12 Minuten
Fertigstellung: etwa 25 Minuten
Kühlzeit: 4–6 Stunden

• Die Rosinen mit dem Rum übergießen und zugedeckt quellen lassen.
• Ein Backblech mit Backtrennpapier auslegen.
• Für den Teig die Eier in Eigelb und Eiweiß trennen. Die Eiweiße mit dem Salz steif schlagen.
• Die Eigelbe mit dem lauwarmen Wasser und dem Honig schaumig rühren, bis die Masse fest und cremig-weiß ist.
• Den Backofen auf 200° vorheizen
• Das Dinkelmehl, das Backpulver und den Kakao oder das Carob miteinander mischen.
• Den Eischnee auf die Eigelbmasse geben und das Mehlgemisch darüberstreuen; beides vorsichtig darunterziehen. Den Teig auf das Backblech streichen, in den Backofen (Mitte) schieben und etwa 12 Minuten backen.
• Ein Stück Backtrennpapier in der Größe des Backbleches auf die Arbeitsfläche legen. Den Biskuit nach dem Backen darauf stürzen. Das Backblech darauf liegen lassen, bis der Biskuit ausgekühlt ist.
• Für das Parfait die Eigelbe mit dem Honig schaumig rühren.
• Die Sahne steif schlagen. Das Bio-Bin einrühren und die Schlagsahne unter die Schaummasse ziehen. Zum Schluß die Rum-Rosinen unter die Masse heben.
• Das Backblech vom Biskuit abnehmen, das Backtrennpapier abziehen und den Biskuit in 8 cm breite Streifen schneiden. Den Boden und die Seiten einer Kastenform mit den Biskuitstreifen auslegen.
• Die Parfaitfüllung in die Form geben, mit Biskuitstreifen abdecken und die Form 4–6 Stunden ins Gefriergerät stellen.
• Zum Servieren den Eiskuchen stürzen und in Scheiben schneiden.
• Die Sahne steif schlagen und in einen Spritzbeutel mit gezackter Tülle füllen. Jede Eiskuchenscheibe mit einer Sahnerosette und mit Pistazien garnieren.

Tip: Rumrosinen stelle ich immer auf Vorrat her. So sind sie sofort griffbereit für Süßspeisen, Gebäck oder Obstsalate. Wer keinen Rum verwenden will, kann Rosinen auch in aromatischem Fruchtsaft oder lauwarmem Wasser einweichen (allerdings nicht auf Vorrat).

Braucht etwas Zeit · Für Gäste

Eiscremetorte »schwarz-weiß«

Zutaten für 12 Stücke:
Für den Teig: 5 Eier · 3 Eßl. flüssiger Honig · 3 Eßl. lauwarmes Wasser · 150 g Weizen, fein gemahlen · 1 Teel. Weinsteinbackpulver · 2 Eßl. ungesüßtes Kakaopulver oder Carob
Für die Füllung: 4 Eßl. Orangenlikör oder Orangensaft · Vanilleeis (Rezept Seite 72, doppelte Menge) · 1 Eßl. ungesüßtes Kakaopulver oder Carob
Zum Verzieren: 200 g Sahne
Pro Stück etwa 990 kJ/240 kcal
9 g Eiweiß · 17 g Fett · 16 g Kohlenhydrate · 2 g Ballaststoffe

Vorbereitungszeit: etwa 30 Minuten
Backzeit: etwa 30 Minuten
Fertigstellung: etwa 15 Minuten
Kühlzeit: etwa 30 Minuten

• Den Backofen auf 180° vorheizen. Eine Springform von 26 cm Durchmesser mit Backtrennpapier auslegen.
• Die Eier in Eigelb und Eiweiß trennen. Die Eigelbe mit dem Honig und dem lauwarmen Wasser schaumig rühren, bis die Masse weiß und cremig ist.
• Die Eiweiße steif schlagen und auf die Schaummasse geben.
• Das Mehl, das Backpulver und den Kakao oder das Carob mischen und locker auf den Eischnee streuen. Alles mit einem Schneebesen darunterziehen.
• Die Biskuitmasse in die Springform füllen und im Backofen (Mitte) etwa 30 Minuten backen.
• Den Biskuit auskühlen lassen, einmal durchschneiden und beide Böden mit dem Orangenlikör oder Orangensaft tränken.
• Das Vanilleeis cremig rühren. Eine Hälfte auf den unteren Biskuitboden verteilen und den oberen darauflegen. Das restliche Vanilleeis daraufstreichen und mit dem Kakao oder Carob bestreuen.
• Die Torte im Gefrierfach oder -gerät noch 30 Minuten kühlen.
• Die Sahne steif schlagen und die Torte damit verzieren.

Variante: Statt der Biskuitböden können Sie auch Mürbeteig- oder Baiserböden verwenden.

Nicht ganz einfach · Braucht etwas Zeit

Flockentorte

Bild Seite 64

Zutaten für 8 Stücke:
Für den Teig: ¼ l Wasser · 1 Prise Salz · 60 g Butter · 130 g Weizenmehl, fein gemahlen · 4 Eier
Für die Füllung: 250 g Magerquark · 2 Eßl. flüssiger Honig · 200 g Sahne · 500 g Erdbeeren · 30 g Kokosflocken
Zum Garnieren: eventuell Minzeblättchen
Pro Stück etwa 1200 kJ/290 kcal
11 g Eiweiß · 19 g Fett · 22 g Kohlenhydrate · 4 g Ballaststoffe

Vorbereitungszeit: etwa 30 Minuten
Kühlzeit: etwa 30 Minuten
Backzeit: etwa 25 Minuten pro Boden
Fertigstellung: etwa 20 Minuten

• Aus Backtrennpapier 3 kreisrunde Stücke mit je 25 cm Durchmesser schneiden und jedes auf ein Backblech legen.
• Für den Teig das Wasser, das Salz und die Butter in einem großen Topf zusammen aufkochen.

• Den Topf vom Herd nehmen. Das Mehl auf einmal in die Flüssigkeit schütten und schnell glattrühren.
• Den Topf wieder auf den Herd zurückstellen und die Mehlmischung bei schwacher Hitze so lange rühren, bis sich am Topfboden eine weiße Haut bildet.
• Anschließend den Topf wieder von der Kochstelle nehmen. Jeweils 1 Ei gründlich hineinrühren, dann erst das nächste Ei dazurühren, bis alle Eier verbraucht sind. Den Teig etwa 30 Minuten kalt stellen.
• Den Backofen auf 200° vorheizen.
• Ein Drittel des Brandteigs in einen Spritzbeutel mit glatter Tülle füllen und spiralenförmig auf ein Backtrennpapierstück spritzen. Das Blech in den Backofen (Mitte) schieben und den Teigboden etwa 25 Minuten backen. Ebenso 2 weitere Böden backen. (Im Umluftbackofen können Sie alle 3 Böden gleichzeitig backen.)
• Die Böden auskühlen lassen.
• Inzwischen für die Füllung den Quark mit dem Honig verrühren. Die Sahne steif schlagen und unter den Quark ziehen.
• Die Erdbeeren waschen, abtropfen lassen und entstielen; große Beeren halbieren oder vierteln.
• Die Hälfte der Quarkcreme auf den untersten Brandteigboden streichen und die Hälfte der Beeren darauf verteilen.
• Den zweiten Teigboden darauflegen, die restliche Quarkcreme und die restlichen Erdbeeren daraufgeben.
• Den dritten Boden in Segmente schneiden oder in Stücke zupfen. Die Torte mit den Teigstücken, den Kokosflocken und eventuell einigen Minzeblättchen verzieren.

Varianten: Statt Erdbeeren können auch Himbeeren oder Brombeeren verwendet werden, und im Winter wird die Flockentorte mit Mandarinen- oder Orangenstückchen zubereitet.

Braucht etwas Zeit · Für Gäste

Festliche Orangentorte

Zutaten für 16 Stücke:
1 Biskuitkuchen nach dem Rezept Eiscremetorte auf Seite 74, ausgekühlt
Für die Füllung: 100 g Orangenmarmelade (Rezept Seite 97) · Saft von 3 Orangen (etwa ¼ l) · 2 Teel. Zitronensaft · 1 Eßl. Kuzu (Pfeilwurzelmehl) · 3 Eier · 2 Eßl. flüssiger heller Honig (zum Beispiel Akazienhonig) · 400 g Sahne
Für den Belag: 5 Orangen · Saft von 3 Orangen (etwa ¼ l) · ½ Teel. Agar-Agar · 1 Teel. flüssiger Honig · 200 g Sahne
Pro Stück etwa 1080 kJ/260 kcal
7 g Eiweiß · 16 g Fett · 24 g Kohlenhydrate · 4 g Ballaststoffe

Zubereitungszeit: etwa 50 Minuten
Kühlzeit: 2–3 Stunden

• Den ausgekühlten Biskuitboden vorsichtig zweimal durchschneiden.
• Den unteren Boden mit der Marmelade bestreichen. Den zweiten Boden darauflegen.
• Den Orangen- und den Zitronensaft mit dem Kuzu anrühren und zum Kochen bringen; dabei rühren, damit sich die Stärke nicht absetzt. 2 Minuten kochen lassen, dann den Topf in kaltes Wasser stellen und die Mischung auskühlen lassen.
• Inzwischen die Eier in Eigelb und Eiweiß trennen. Die Eigelbe mit dem Honig schaumig rühren, bis die Masse cremig und hell ist.
• Die ausgekühlte Orangensaftmischung löffelweise unter ständigem Rühren in die Eischaummasse geben.
• Die Sahne und die Eiweiße getrennt steif schlagen. Zuerst die Sahne, dann den Eischnee unter die Orangencreme ziehen.

• Einen Tortenring oder den Springformrand um die Torte legen und die Creme einfüllen, dabei 4–5 Eßlöffel Creme für den Rand zurücklassen. Den dritten Boden auf die Creme legen.
• Für den Belag die Orangen schälen, dabei auch die weiße Haut gründlich entfernen. Die Orangen in Spalten teilen und auf dem Biskuit dekorativ anordnen.
• Den Orangensaft mit dem Agar-Agar und dem Honig verrühren und auf dem Herd eben zum Sieden bringen. Den Guß etwas auskühlen lassen, dann vorsichtig über die Orangenspalten gießen.
• Die Torte zum Auskühlen 2–3 Stunden in den Kühlschrank stellen.
• Vor dem Servieren den Tortenring lösen und abnehmen. Den Rand der Torte mit der zurückbehaltenen Creme bestreichen.
• Die Sahne steif schlagen, in einen Spritzbeutel mit gezackter Tülle füllen und die Torte mit der Sahne verzieren.

Ganz einfach · Etwas teurer · Für Gäste

Walnußschäumchen

Zutaten für 30 Stück:
50 g Zitronat · 50 g Orangeat · 100 g Walnußkerne · 3 Eiweiß · 100 g Akazienhonig · 2 Teel. Kuzu (Pfeilwurzelmehl)
Pro Stück etwa 190 kJ/45 kcal
1 g Eiweiß · 5 g Fett · 6 g Kohlenhydrate · 0 g Ballaststoffe

Vorbereitungszeit: etwa 10 Minuten
Backzeit: etwa 2 Stunden

• Ein Backblech mit Backtrennpapier auslegen.
• Das Zitronat und das Orangeat in sehr kleine Würfelchen schneiden. Die Walnüsse grob hakken.
• Den Backofen auf 100° vorheizen.
• Die Eiweiße sehr steif schlagen. Langsam nach und nach den Honig, die Zitronat- und Orangeatwürfel sowie die Walnüsse und das Kuzu darunterheben.
• Mit zwei Teelöffeln kleine Häufchen auf das Backblech setzen. Die Walnußschäumchen im Backofen (Mitte) etwa 2 Stunden trocknen.

Ganz einfach · Für Gäste

Mandel-Knusperplätzchen

Zutaten für etwa 40 Stück:
200 g Mandeln · 150 g Butter · 150 g Zuckerrohrgranulat · 4 Eßl. Sahne
Pro Stück etwa 300 kJ/70 kcal
1 g Eiweiß · 9 g Fett · 4 Kohlenhydrate · 1 g Ballaststoffe

Vorbereitungszeit: etwa 20 Minuten
Backzeit: etwa 15 Minuten pro Blech

• Zwei Backbleche mit Backtrennpapier auslegen. Die Mandeln mit Schale grob mahlen.
• Den Backofen auf 180° vorheizen.
• Die Butter erwärmen. Das Zuckerrohrgranulat, die Sahne und die Mandeln dazugeben und so lange verrühren, bis sich alles gut verbunden hat.
• Mit einem Teelöffel kleine Häufchen auf die Bleche setzen; dabei genug Zwischenraum lassen, weil die Plätzchen weit auseinanderlaufen.
• Die Backbleche nacheinander in den Backofen (Mitte) schieben und die Plätzchen 15 Minuten backen. Auf dem Backblech auskühlen lassen.

Erfrischende Getränke

Wer Durst hat, sollte nicht einfach nur eine Flasche öffnen. Viele Ernährungsbewußte wissen, daß man Durst weit besser und gesünder löschen kann. Für sie habe ich hier reizvolle würzige und süße, gehaltvolle und einfach durstlöschende Getränke zusammengestellt, die bei jeder Gelegenheit und sicher auch bei Ihren Gästen Anklang finden werden.

Schnell

Kräuterdrink

Zutaten für 4 Portionen:
5 Eßl. Kresse · 2 Sauerampferblätter · 3 Sellerieblätter ohne Stiel · 2 Liebstöckelblätter · 2 Zweige Petersilie · ¼ Bund Schnittlauch · 5 Zweige Kerbel · 1 Zweig Zitronenmelisse · 1 Tomate · ¾ l Buttermilch oder Molke oder Mineralwasser · 1 Teel. Zitronensaft · 1 Messerspitze weißer Pfeffer, frisch gemahlen
Zum Garnieren: 1 unbehandelte Zitrone · 4 kleine Kerbelzweige
Pro Portion etwa 340 kJ/80 kcal
8 g Eiweiß · 2 g Fett · 10 g Kohlenhydrate · 2 g Ballaststoffe

Zubereitungszeit: etwa 10 Minuten

- Die Kräuter gründlich waschen. Die Tomate halbieren und den Stielansatz entfernen. Die Kräuter mit den Tomatenhälften im Mixer pürieren. Dabei die Buttermilch oder die Molke oder das Mineralwasser langsam dazugießen.
- Den Drink mit dem Zitronensaft und dem Pfeffer abschmecken, in Sektschalen oder Cocktailgläser füllen und jedes Glas mit 1 Zitronenscheibe sowie einem kleinen Kerbelzweig garnieren.

Nicht ganz einfach · Für Gäste

Grüner Flip

Zutaten für 4 Portionen:
1 Zwiebel · 200 g Salatgurke · je 1 Messerspitze Salz und Pfeffer · 1 Eßl. Petersilie, frisch gehackt · 2 Eßl. Alfalfasprossen (siehe Seite 9) · ¾ l Buttermilch
Für die Gläser: 2 Eßl. Petersilie, frisch gehackt
Pro Portion etwa 320 kJ/75 kcal
8 g Eiweiß · 2 g Fett · 10 g Kohlenhydrate · 1 g Ballaststoffe

Zubereitungszeit: etwa 15 Minuten

- Die Zwiebel schälen. Die Salatgurke und die Zwiebel in Stücke schneiden. Die Stücke mit dem Salz, dem Pfeffer, der Petersilie, den Alfalfasprossen sowie der Buttermilch in den Mixer geben und so lange mixen, bis sich alles gut vermischt hat.
- Für die Gläser die Petersilie auf einen flachen Teller streuen. Die Ränder von vier Longdrinkgläsern mit Wasser anfeuchten und in die Petersilie tauchen.
- Den Flip vorsichtig in die Gläser füllen, so daß der Petersilienrand nicht beschädigt wird.

Gläser können Sie hübsch verzieren, wenn Sie den Rand kurz anfeuchten (Wasser oder Zitronensaft) und dann in Kräuter drücken.

Schnell · Ganz einfach

Buttermilchmix mit Kräutern

Zutaten für 4 Portionen:
1 l Buttermilch · 50 g gemischte Kräuter (Schnittlauch, Petersilie, Kerbel, Estragon, Dill) · 1 Messerspitze gekörnte Gemüsebrühe
Pro Portion etwa 400 kJ/95 kcal
10 g Eiweiß · 2 g Fett · 11 g Kohlenhydrate · 1 g Ballaststoffe

Zubereitungszeit: etwa 10 Minuten

- ¼ l Buttermilch in den Mixer geben.
- Die Kräuter waschen, abschütteln und mit der Buttermilch im Mixer pürieren.
- Die restliche Buttermilch dazugießen und das Getränk mit der Gemüsebrühe abschmecken.

Schnell · Für Gäste

Eisiger Tomatenshake

Zutaten für 6 Portionen:
500 g Tomaten · 1 Sellerieblatt · 2 Zweige Kerbel · 2 Zweige Petersilie · 1 Zweig Estragon · 1 l Wasser · 1 Teel. gekörnte Gemüsebrühe · 1 Messerspitze schwarzer Pfeffer, frisch gemahlen, oder Cayennepfeffer · 100 g Crème fraîche · 6 kleine Zweige Basilikum
Pro Portion etwa 330 kJ/80 kcal
2 g Eiweiß · 7 g Fett · 3 g Kohlenhydrate · 2 g Ballaststoffe

Zubereitungszeit: etwa 10 Minuten

- Die Tomaten waschen, vierteln und den Stengelansatz herausschneiden.
- Die Kräuter (Sellerie, Kerbel, Petersilie, Estragon) mit dem Wasser, der Gemüsebrühe und den Tomatenvierteln sowie dem Pfeffer oder Cayennepfeffer in den Mixer geben und fein pürieren.
- Das Getränk in sechs Longdrinkgläser oder Sektschalen füllen. Je 1 Teel. Crème fraîche in die Mitte jedes Glases setzen und mit den Basilikumzweigen garnieren.

Tip: Bei einer Party kann man die Gläser auf einen Eissockel oder in eine mit Eiswürfeln gefüllte Schale stellen.

Preiswert · Schnell

Karottenmix

Zutaten für 4 Portionen:
100 g Karotten/Möhren · ¼ l Mineralwasser ohne Kohlensäure · 1 Eßl. flüssiger Honig · ¾ l Buttermilch
Pro Portion etwa 350 kJ/85 kcal
7 g Eiweiß · 1 g Fett · 12 g Kohlenhydrate · 1 g Ballaststoffe

Zubereitungszeit: etwa 10 Minuten

- Die Karotten putzen, waschen und in Stücke schneiden.
- Die Karottenstückchen mit dem Mineralwasser im Mixer pürieren. Den Honig und die Buttermilch dazugeben und den Karottenmix sofort servieren.

Schnell

Mandel-Orangen-Mix

Zutaten für 4 Portionen:
2 Eßl. Mandelmus · 1 Messerspitze gemahlene Vanille · 2 Eßl. Akazienhonig oder Ahornsirup · ¼ l Orangensaft, frisch gepreßt · 250 g Sahne · 4 Scheiben von unbehandelter Orange
Pro Portion etwa 1380 kJ/330 kcal
5 g Eiweiß · 28 g Fett · 16 g Kohlenhydrate · 2 g Ballaststoffe

Zubereitungszeit: etwa 10 Minuten

- Das Mandelmus, die Vanille, den Honig oder Ahornsirup und den Orangensaft im Mixer gut vermischen.
- Die Sahne während des Mixens langsam dazugießen. Das Getränk in Longdrinkgläser füllen und je 1 Orangenscheibe an den Glasrand stekken.

Ganz einfach · Preiswert

Erdbeermix

Zutaten für 4 Portionen:
250 g Erdbeeren · 1 l frische Milch · 1 Eßl. flüssiger Honig · 1 Messerspitze gemahlene Vanille · 100 g Sahne · 1 kleiner Zweig Zitronenmelisse
Pro Portion etwa 1100 kJ/260 kcal
10 g Eiweiß · 17 g Fett · 20 g Kohlenhydrate · 2 g Ballaststoffe

Zubereitungszeit: etwa 20 Minuten

- Die Erdbeeren waschen und die Stiele abzupfen · Die Beeren mit ¼ l Milch im Mixer pürieren.
- Den Honig, die Vanille und die restliche Milch dazugeben. Das Getränk in Longdrinkgläser füllen.
- Die Sahne steif schlagen, in einen Spritzbeutel mit gezackter Tülle füllen und auf jedes Glas eine Rosette spritzen. Mit einem Melissenblättchen garnieren.

Preiswert · Braucht etwas Zeit

Hafer-Bananen-Drink

Zutaten für 6 Portionen:
4 Eßl. Hafer · ½ l Wasser · 2 Bananen · 1 l Kurmolke · 2 Eßl. Ahornsirup · 4 Kugeln Vanilleeis (Rezept Seite 72)
Pro Portion etwa 630 kJ/150 kcal
5 g Eiweiß · 4 g Fett · 27 g Kohlenhydrate · 3 g Ballaststoffe

Zubereitungszeit: etwa 20 Minuten
Kühlzeit: 2–3 Stunden

- Den Hafer in einem trockenen Topf rösten, bis er zu duften beginnt; dann auskühlen lassen und fein mahlen.
- Das Wasser mit dem Hafermehl zum Kochen bringen, von der Kochstelle nehmen, 5 Minuten ausquellen lassen, dann 2–3 Stunden kalt stellen.
- Die Bananen schälen und in Stücke schneiden. Die Kurmolke, die Bananenstücke, den Ahornsirup, das Vanilleeis und den Haferbrei im Mixer pürieren.
- Das Getränk in Longdrinkgläser füllen und mit Trinkhalm servieren.

Braucht etwas Zeit · Etwas teurer

Mokkabecher mit Ananas

Zutaten für 4 Portionen:
1 frische kleine Ananas · 2 Tassen starker, kalter Kaffee · 4 Kugeln Vanilleeis (Rezept Seite 72) · 1 Eßl. Instant-Kaffee
Pro Portion etwa 1140 kJ/275 kcal
3 g Eiweiß · 4 g Fett · 59 g Kohlenhydrate · 7 g Ballaststoffe

Zubereitungszeit: etwa 25 Minuten

- Die Ananas schälen und in kleine Stücke schneiden; dabei die holzigen Teile entfernen. Den Kaffee, das Vanilleeis und die Ananasstückchen im Mixer pürieren.
- Das Getränk in Gläser gießen und mit dem Kaffeepulver bestreuen.

Tip: Sie können den Bohnenkaffee durch Getreidekaffee ersetzen, wenn Kinder mittrinken.

Ganz einfach

Fruchtshake

Zutaten für 4 Portionen:
100 g Kirschen · 100 g Banane (ohne Schale gewogen) · 100 g Sahne · ½ l Molke · 1 Messerspitze Zimtpulver · 1 Eßl. flüssiger Honig
Pro Portion etwa 590 kJ/140 kcal
3 g Eiweiß · 9 g Fett · 15 g Kohlenhydrate · 2 g Ballaststoffe

Zubereitungszeit: etwa 15 Minuten

- Die Kirschen waschen und entsteinen. Die geschälte Banane in Stücke schneiden.
- Die Bananenstücke mit den Kirschen und der Sahne im Mixer pürieren und mit der Molke auffüllen; nochmals kurz durchmixen.
- Den Fruchtshake mit dem Zimt sowie dem Honig abschmecken. In Longdrinkgläser füllen.

Ganz einfach · Braucht etwas Zeit · Für Gäste

Melonen-Eistee

Zutaten für 4 Portionen:
¾ l Wasser · 1 Teel. Rooibosh-Tee oder Massai-Tee · ¼ l Weißwein, ersatzweise naturtrüber Apfelsaft oder frischer Orangensaft · 2 Eßl. flüssiger Honig · 1 gekühlte Honigmelone · 1 Zitrone · 1 Sträußchen Zitronenmelisse
Pro Portion etwa 710 kJ/170 kcal
2 g Eiweiß · 1 g Fett · 30 g Kohlenhydrate · 2 g Ballaststoffe

Zubereitungszeit: etwa 15 Minuten
Kühlzeit: 2–3 Stunden

- Das Wasser zum Kochen bringen und den Tee überbrühen; etwa 5 Minuten ziehen lassen, dann absieben.
- Den Wein dazugießen. Das Getränk mit dem Honig süßen und 2–3 Stunden zugedeckt kalt stellen.
- Die gekühlte Melone halbieren und die Kerne entfernen. Mit einem Ausstecher oder Teelöffel kleine Kugeln herausstechen und in den Eistee geben.
- Die Zitrone auspressen. Den Saft zum Eistee gießen. Die Zitronenmelisse abspülen, trockenschütteln, die Blättchen abzupfen und in den Tee geben.

Tip: Rooibosh-Tee bekommt man auch als Massai-Tee im Reformhaus oder Naturkostladen.

Ganz einfach · Für Gäste

Früchte-Eistee

Zutaten für 4 Portionen:
1 l Wasser · 4 Portionsbeutel Vitamin-C-Früchtetee (Reformhaus) · 1 Orange · 1 Zitrone · 2 Eßl. flüssiger Honig · 4 Kugeln Vanilleeis (Rezept Seite 72)
Pro Portion etwa 340 kJ/85 kcal
2 g Eiweiß · 3 g Fett · 13 g Kohlenhydrate · 1 g Ballaststoffe

Zubereitungszeit: etwa 8 Minuten
Kühlzeit: 2–3 Stunden

- Das Wasser zum Kochen bringen und damit die Teebeutel überbrühen; etwa 5 Minuten ziehen lassen.
- Die Orange und die Zitrone auspressen und in den Tee geben; mit dem Honig süßen.
- Das Getränk zugedeckt im Kühlschrank gut kühlen.
- In vier Gläser je 1 Vanilleeiskugel geben und mit dem Früchtetee auffüllen.

Preiswert

Pfefferminzmilch

Zutaten für 4 Portionen:
¼ l Wasser · 4 Portionsbeutel Pfefferminztee · 1 l frische Milch · 2 Eßl. flüssiger Honig · 4 Blättchen frische Minze
Pro Portion etwa 770 kJ/180 kcal
8 g Eiweiß · 9 g Fett · 18 g Kohlenhydrate · 0 g Ballaststoffe

Zubereitungszeit: etwa 8 Minuten
Kühlzeit: etwa 1 Stunde

- Das Wasser zum Kochen bringen und damit die Teebeutel überbrühen; etwa 5 Minuten ziehen lassen.
- Die Milch mit dem Honig verquirlen, dann mit dem Tee verrühren.
- Das Getränk zugedeckt im Kühlschrank gut durchkühlen lassen. Mit den Minzeblättchen servieren.

Ganz einfach · Für Gäste

Fruchtbowle

Zutaten für 4 Portionen:
1 l Wasser · 1 Zimtstange · 2 Nelken · 8 getrocknete Hibiskusblüten (als Tee zu kaufen) · Saft von 1 Zitrone · 4 Eßl. Orangenlikör oder Orangensaft · 2 Eßl. Akazienhonig · 250 g Erdbeeren oder Himbeeren oder ½ Melone
Pro Portion etwa 250 kJ/60 kcal
1 g Eiweiß · 1 g Fett · 13 g Kohlenhydrate · 2 g Ballaststoffe

Zubereitungszeit: etwa 15 Minuten
Kühlzeit: 2–3 Stunden

- Das Wasser mit der Zimtstange und den Nelken zum Kochen bringen. Die Hibiskusblüten damit überbrühen. Den Tee 10 Minuten ziehen lassen; dann absieben.
- Den Zitronensaft, den Orangenlikör oder Orangensaft und den Honig mit dem Tee verrühren und 2–3 Stunden zugedeckt kalt stellen.
- Die Beeren verlesen, wenn nötig waschen und die Stiele entfernen oder die Melone schälen und würfeln. Man kann auch aus der Melonenhälfte Kugeln ausstechen. Die Beeren (große Beeren halbieren) oder Melonenstücke in die Bowle geben.

Ideen für Vollwert-Buffets

Ein Vollwert-Essen oder Vollwert-Buffet kann genauso oder noch abwechslungsreicher sein wie jedes herkömmliche kalte Buffet. Da alle Produkte frisch und so natürlich wie möglich angerichtet werden, ist solch ein Buffet eine richtige Augenweide. Die Natur bietet uns eine umfangreiche Auswahl an naturbelassenen Zutaten, so daß jeder bestimmt auf seine Kosten kommt. Vom Gemüsecocktail bis zu Tiramisu wird alles wertschonend zubereitet. Wie Sie reizvoll und raffiniert anrichten können, verrate ich Ihnen in vielen Tips bei den Rezepten sowie in einem eigenen kleinen Kapitel auf Seite 7. Einige Gerichte, die sich zusätzlich für ein Buffet oder eine Gästeeinladung hervorragend eignen, sind in den vorangegangenen Kapiteln mit dem Hinweis »Für Gäste« gekennzeichnet.

Ganz einfach

Sauerkrautrohkost mit Avocado

Zutaten für 4 Portionen:
250 g Sauerkraut · 1 gut reife Avocado · 1 Apfel · 1 kleine Zwiebel · 3 Eßl. Distelöl · 1 Messerspitze Pfeffer, frisch gemahlen · 50 g Feldsalat

Pro Portion etwa 1000 kJ/240 kcal
3 g Eiweiß · 24 g Fett · 7 g Kohlenhydrate · 6 g Ballaststoffe

Zubereitungszeit: etwa 20 Minuten

- Das Sauerkraut fein schneiden. Die Avocado schälen, halbieren und den Kern entfernen. Die Frucht in Streifen und diese in kleine Würfel schneiden.
- Den Apfel waschen, vierteln, vom Kerngehäuse befreien und ebenfalls in kleine Würfel schneiden. Die Zwiebel schälen und fein hacken.
- Das Öl und den Pfeffer zu den geschnittenen Salatzutaten geben und alles vermischen.
- Den Feldsalat putzen, waschen, trockenschleudern und auf einer Platte ausbreiten. Den Sauerkrautsalat darauf anrichten.

Preiswert · Ganz einfach

Tomaten mit Rohkostfüllung

Zutaten für 6 Portionen:
6 Tomaten · 300 g Frischkäse · je 1 Messerspitze Salz und Pfeffer, frisch gemahlen · 100 g Karotten/Möhren · 100 g Äpfel · 30 g Sesamsamen

Pro Portion etwa 950 kJ/230 kcal
8 g Eiweiß · 19 g Fett · 6 g Kohlenhydrate · 4 g Ballaststoffe

Zubereitungszeit: etwa 20 Minuten

- Die Tomaten waschen, abtrocknen und von jeder Tomate einen Deckel abschneiden. Mit einem Teelöffel die Kerne herauslösen.
- Den Frischkäse mit der Gabel cremig rühren und mit dem Salz sowie dem Pfeffer würzen.
- Die Karotten waschen und gründlich abbürsten, die Äpfel waschen und die Kerngehäuse entfernen. Beides in kleine Würfel schneiden und mit dem Sesamsamen unter die Käsecreme mischen.
- Die Käsemasse in die ausgehöhlten Tomaten füllen. Die Tomatendeckel darauflegen und die gefüllten Tomaten auf einer Platte anrichten.

Braucht etwas Zeit · Etwas teurer

Chicoréeschiffchen mit Nußcreme

Zutaten für 16 Portionen:
250 g Knollensellerie · Saft von 1 Zitrone · 500 g Mascarpone (italienischer Rahmfrischkäse) · je 1 Messerspitze Salz und weißer Pfeffer, frisch gemahlen · 150 g Walnußkerne · 16 schöne Chicoréeblätter (etwa 200 g) · ½ Bund Petersilie oder frische Sellerieblätter
Pro Portion etwa 730 kJ/170 kcal
6 g Eiweiß · 16 g Fett · 2 g Kohlenhydrate · 2 g Ballaststoffe

Zubereitungszeit: etwa 30 Minuten

- Die Sellerieknolle putzen und schälen, mit einer Rohkostreibe fein reiben und sofort mit dem Zitronensaft begießen.
- Den Mascarpone in eine Schüssel geben und mit dem Schneebesen glatt rühren. Den geraspelten Sellerie daruntermischen und die Creme mit dem Salz sowie dem Pfeffer würzen.
- Die Nüsse fein hacken (dabei 16 Nußhälften für die Garnierung zurücklassen) und unter die Käsemasse geben.
- Die Chicoréeblätter waschen und mit Küchenkrepp trockentupfen.
- Die »Schiffchen« auf eine große Platte legen. Die Käsefüllung in einen Spritzbeutel mit glatter Tülle geben und in die »Schiffchen« spritzen, wobei die hellgrünen Spitzen der Chicoréeblätter frei bleiben sollen. Mit Petersilie oder Selleriegrün und den Nußhälften garnieren.

Tip: Wenn Sie keinen Mascarpone bekommen, können Sie ersatzweise je ein Drittel Frischkäse, Sahnequark und Crème fraîche mischen und diese Masse wie oben weiterverarbeiten.

Preiswert · Braucht etwas Zeit

Grünkernsalat mit Erbsen

Zutaten für 4 Portionen:
150 g Grünkern · 300 ccm Wasser · 1 Zwiebel · 1 Teel. gekörnte Gemüsebrühe · 200 g Erbsen (frisch oder tiefgefroren) · 2 Eier · 2 Eßl. Balsamessig · je 1 Messerspitze Salz und Pfeffer, frisch gemahlen · ½ Bund Petersilie oder Schnittlauch
Pro Portion etwa 900 kJ/210 kcal
11 g Eiweiß · 5 g Fett · 32 g Kohlenhydrate · 4 g Ballaststoffe

Einweichzeit: 2–3 Stunden
Vorbereitungszeit: etwa 35 Minuten
Kühlzeit: etwa 1 Stunde
Fertigstellung: etwa 10 Minuten

- Den Grünkern im Sieb waschen, dann in dem Wasser 2–3 Stunden einweichen.
- Die Zwiebel schälen, in Würfel schneiden und mit dem Grünkern und dem Einweichwasser zum Kochen bringen. Die gekörnte Brühe dazugeben. Alles bei schwacher Hitze köcheln lassen, bis die Körner weich sind, aber noch Biß haben. Auf ein Sieb schütten, abtropfen und etwa 1 Stunde auskühlen lassen.
- Inzwischen tiefgefrorene Erbsen auftauen lassen. Frische Erbsen auspahlen. Die Eier hart kochen, abschrecken und abkühlen lassen.
- Die Erbsen unter den abgekühlten Grünkern mischen.
- Den Essig mit dem Salz und dem Pfeffer verrühren. Die Petersilie oder den Schnittlauch waschen, trockenschütteln, fein schneiden und mit dem gewürzten Essig unter den Salat mischen.
- Den Salat auf einer Platte anrichten und mit Eischeiben garnieren.

Nicht ganz einfach

Gemüsetorte

Diese pikante Torte schmeckt kalt vorzüglich. Sie kann aber auch heiß serviert werden.

Zutaten für 1 Springform von 30 cm Durchmesser:
Für den Teig: 500 g Dinkel, feingemahlen · 2 Eier · 100 ccm Olivenöl · 1 Messerspitze Salz
Für die Füllung: 1 kg Spinat · 1 Stange Lauch · 1 Eßl. Butter · 250 g Magerquark · 150 g Parmesankäse, frisch gerieben · 2 Eier · 1 Eßl. Arrowroot · 1 Eßl. Petersilie, frisch gehackt · je 1 Messerspitze Salz, Muskatnuß, frisch gerieben, Pfeffer, frisch gemahlen und getrockneter Majoran
Für die Form: Butter oder Öl
Zum Bestreichen: 1 Eigelb · 1 Eßl. Sahne
Bei 16 Stücken pro Stück etwa 1100 kJ/260 kcal
13 g Eiweiß · 13 g Fett · 22 g Kohlenhydrate · 5 g Ballaststoffe

Vorbereitungszeit: etwa 40 Minuten
Backzeit: etwa 45 Minuten

• Das Mehl auf ein Backbrett geben und in die Mitte eine Mulde drücken. Die Eier, das Öl und das Salz hineingeben und alles schnell zu einem Teig zusammendrücken. Den Teig in einer Schüssel abdecken und 10 Minuten ruhen lassen.
• Inzwischen den Spinat putzen und waschen. Den Lauch gründlich putzen und waschen, dann in Ringe schneiden.
• Die Butter in einem Topf schmelzen. Die Lauchringe in die Butter geben, den Spinat hinzufügen und das Gemüse 5 Minuten dünsten; dann abkühlen lassen.
• Den Quark, den Parmesankäse, die Eier und das Arrowroot miteinander verrühren. Das abgekühlte Gemüse daruntermischen. Mit der Petersilie sowie dem Salz, dem Muskat, dem Pfeffer und dem Majoran abschmecken.
• Die Springform einfetten. Den Backofen auf 200° vorheizen.

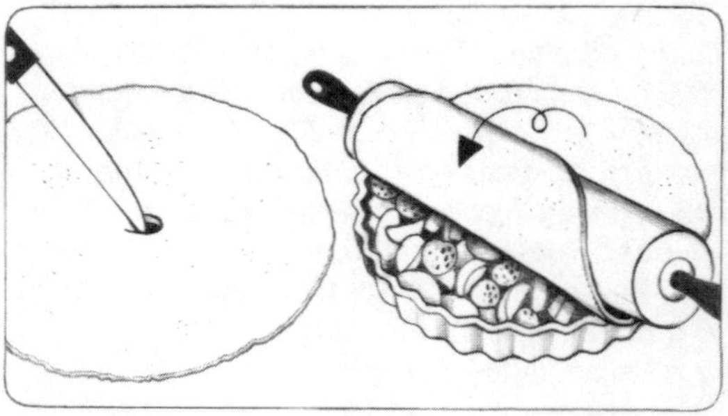

In den Teigdeckel ein kleines Loch für den Dampfabzug schneiden. Den Deckel dann locker um die Nudelrolle legen und über der Form wieder abwickeln.

• Zwei Drittel des Teiges ausrollen und in die Form legen, dabei einen Rand von 2 cm Höhe formen. Die Spinatmasse auf den Teig geben. Den restlichen Teig ausrollen und als Deckel auf die Füllung legen; mit einer Gabel mehrmals einstechen.
• Die Springform auf dem Rost in den Backofen (Mitte) schieben und die Gemüsetorte etwa 45 Minuten backen.
• 5 Minuten vor Ende der Backzeit das Eigelb und die Sahne verrühren und die Torte damit bestreichen.

Ganz einfach

Herzhafte Käse-Traube

Zutaten für 10 Portionen:
100 g Schafkäse · 150 g weicher Camembert · 150 g weiche Butter · 1 Eßl. Mandelblättchen · 1 Eßl. Pistazienkerne, frisch gehackt · 1 Eßl. Schnittlauch, frisch feingeschnitten · 1 Eßl. edelsüßes Paprikapulver
Zum Garnieren: 2–3 junge frische Weinblätter, ersatzweise gezackte Salatblätter
Pro Portion etwa 820 kJ/200 kcal
6 g Eiweiß · 19 g Fett · 1 g Kohlenhydrate · 1 g Ballaststoffe

Zubereitungszeit: etwa 20 Minuten

- Den Schafkäse, den Camembert und die weiche Butter mit einer Gabel zerdrücken und gut vermischen.
- Aus der Käsemasse kleine Kugeln formen (Traubengröße) und diese in den übrigen Zutaten (Mandelblättchen, Pistazien, Schnittlauch, Paprikapulver) wälzen.
- Die Weinblätter auf einen Teller legen und die Käsekugeln als Traube darauf anrichten.

Das paßt dazu: Haselnußbrötchen (rechts).

Preiswert · Ganz einfach

Bulgarischer Paprikasalat

Zutaten für 8 Portionen:
Je 2 grüne, rote und gelbe Paprikaschoten · 1 Bund Petersilie · 3–4 Knoblauchzehen · 150 g Schafkäse · je 1 Messerspitze Salz und Pfeffer, frisch gemahlen · 3 Eßl. Olivenöl · 2 Eßl. Balsamessig · 3 Eßl. Wasser
Pro Portion etwa 420 kJ/100 kcal
4 g Eiweiß · 8 g Fett · 4 g Kohlenhydrate · 2 g Ballaststoffe

Zubereitungszeit: etwa 20 Minuten

- Die Paprikaschoten halbieren, die Kerne und weißen Rippen entfernen. Die Schotenhälften waschen und in feine Streifen schneiden.
- Die Petersilie waschen, auf Küchenkrepp abtrocknen und fein hacken. Die Knoblauchzehen schälen und ebenfalls fein hacken.
- Den Schafkäse in Scheiben und dann in winzig kleine Würfel schneiden.
- Die Paprikastreifen auf einer Salatplatte ausbreiten und mit der Petersilie, den Knoblauch- sowie den Käsewürfeln bestreuen.
- Aus dem Salz, dem Pfeffer, dem Öl, dem Essig und dem Wasser eine Salatsauce rühren und über den Salat gießen. Die Sauce kann auch gesondert dazu gestellt werden.

Ganz einfach · Braucht etwas Zeit

Haselnußbrötchen

Zutaten für 20 Partybrötchen:
500 g Dinkel, feingemahlen · 300 g lauwarmes Wasser · 1 Teel. Salz · 30 g Hefe · 150 g Haselnußkerne, grob gehackt
Zum Bestreichen und Bestreuen: 1 Eigelb · 2 Eßl. Sahne · 2 Eßl. Haselnußkerne, frisch gerieben
Pro Stück etwa 610 kJ/150 kcal
5 g Eiweiß · 7 g Fett · 17 g Kohlenhydrate · 3 g Ballaststoffe

Vorbereitungszeit: etwa 15 Minuten
Zeit zum Gehenlassen: etwa 25 Minuten
Backzeit: 20–25 Minuten

- Ein Backblech mit Backtrennpapier belegen.
- Das Dinkelmehl mit dem Wasser, dem Salz, der zerbröckelten Hefe und den Nüssen zu einem Teig verkneten; den Teig etwa 15 Minuten gehen lassen.
- Aus dem Teig mit einem Eßlöffel 20 Teile von je 45–50 g abstechen und mit bemehlten Händen zu Brötchen formen. Die Brötchen auf das Blech setzen.
- Das Eigelb mit der Sahne verrühren. Die Brötchen damit bestreichen und mit den geriebenen Haselnüssen bestreuen.
- Den Backofen auf 50° einschalten. Das Blech in den Backofen (Mitte) schieben und die Brötchen etwa 10 Minuten gehen lassen. Dann die Temperatur auf 200° schalten und die Haselnußbrötchen 20–25 Minuten backen.

Etwas teurer · Braucht etwas Zeit

Walnußbaguette

Bild Seite 63

Zutaten für 4 Baguettes:
400 g Weizen · 100 g Roggen · 30 g Hefe · ½ Eßl. Salz · ¼ l Buttermilch · 50 g weiche Butter · 200 g Walnußkerne, grob gehackt
Für die Backbleche: Butter oder Backtrennpapier
Zum Bestreichen: etwa ⅛ l Milch
Pro Baguette etwa 3500 kJ/830 kcal
25 g Eiweiß · 45 g Fett · 85 g Kohlenhydrate · 16 g Ballaststoffe

Vorbereitungszeit: etwa 1 Stunde
Zeit zum Gehenlassen: 30–40 Minuten
Backzeit: etwa 35 Minuten pro Blech

- Zwei Backbleche mit etwas Butter einfetten oder mit Backtrennpapier auslegen.
- Den Weizen und den Roggen mischen und fein mahlen.
- Das Mehl in eine Teigschüssel geben. Die zerbröckelte Hefe, das Salz, die Buttermilch und die weiche Butter hinzufügen und alles mit den Knethaken der Küchenmaschine 10 Minuten kneten oder mit der Hand etwa 20 Minuten kneten.
- Zum Schluß die Nüsse einkneten. Den Teig mit einem feuchten Tuch abdecken und 20–30 Minuten gehen lassen.
- Den Hefeteig durchkneten, in 4 gleich große Teile und diese wiederum in je 2 Teile teilen. Auf bemehlter Arbeitsfläche die einzelnen Teigstükke zu Rollen von 30–40 cm Länge formen und immer 2 Rollen miteinander verschlingen.
- Die 4 Baguettes auf die Backbleche legen, im Backofen (Mitte) bei 50° nochmals etwa 8 Minuten gehen lassen, dabei wieder ein feuchtes Tuch über die Brote legen.
- Danach das Tuch entfernen, die Temperatur auf 220° einstellen und die Brote in etwa 35 Minuten knusprig backen. Im Umluft-Backofen können beide Bleche auf einmal eingeschoben werden.
- 5 Minuten vor Ende der Backzeit die Brote mit etwas Milch bestreichen.

Ganz einfach

Käsegebäck

Zutaten für 40 Stück:
200 g Dinkel, feingemahlen · 80 g Butter · 2 Eßl. Crème fraîche · 1 Ei · 100 g geriebener Käse
Zum Bestreichen und Bestreuen: 1 Eigelb · 1 Eßl. Sahne · je 1 Eßl. Sesamsamen, Kümmel und Mohn

Pro Stück etwa 220 kJ/50 kcal
2 g Eiweiß · 4 g Fett · 4 g Kohlenhydrate · 1 g Ballaststoffe

Vorbereitungszeit: etwa 25 Minuten
Ruhezeit für den Teig: 10 Minuten
Backzeit: 10–15 Minuten

- Zwei Backbleche mit Backtrennpapier auslegen.
- Das Dinkelmehl auf ein Backbrett schütten und in die Mitte eine Mulde drücken. Die Butter in Stücke schneiden und mit der Crème fraîche sowie dem Ei in die Mulde geben. Den Käse auf den Mehlrand streuen.
- Die Zutaten mit kalten Händen schnell zu einem Teig zusammendrücken; den Teig 10 Minuten ruhen lassen.
- Den Backofen auf 180° vorheizen.
- Den Teig dünn ausrollen und mit einem Teigrädchen kleine Rauten von etwa 5 cm Seitenlänge ausrädeln. Die Plätzchen auf die Backbleche legen.
- Das Eigelb mit der Sahne verquirlen, die Rauten damit bestreichen und mit den Sesamsamen, dem Kümmel oder dem Mohn bestreuen. Im Backofen (Mitte) 10–15 Minuten backen.

Preiswert · Schnell

Pikanter Kräuteraufstrich

Zutaten für 10 Portionen:
500 g Magerquark · 2 Eßl. Crème fraîche oder Leinöl · je 1 Messerspitze Salz und Pfeffer, frisch gemahlen · je 1 Eßl. Schnittlauch, Petersilie, Kerbel, Dill und Borretsch, frisch feingehackt
Pro Portion etwa 200 kJ/50 kcal
7 g Eiweiß · 2 g Fett · 3 g Kohlenhydrate · 0 g Ballaststoffe

- Den Quark mit der Crème fraîche oder dem Öl verrühren. Das Salz und den Pfeffer dazugeben. Die Kräuter unter den Quark mischen. In einer Schüssel anrichten und nach Belieben garnieren.

Varianten: Statt der Kräuter kann man auch 4–5 Eßlöffel Senfkeimlinge (siehe Seite 9) unter den Quark mischen, oder 4 Eßlöffel grob gehackte Kürbiskerne oder 1 fein gehackte Zwiebel und 2–3 durchgepreßte Knoblauchzehen.

Schnell

Fruchtiger Quarkaufstrich

Zutaten für 10 Portionen:
100 g Erdbeeren · 100 g Banane · 250 g Magerquark
Pro Portion etwa 120 kJ/30 kcal
4 g Eiweiß · 1 g Fett · 4 g Kohlenhydrate · 1 g Ballaststoffe

Zubereitungszeit: etwa 10 Minuten

- Die Erdbeeren waschen und putzen. Eine schöne Beere als Garnierung beiseite legen, die anderen zerschneiden. Die Banane schälen.
- Die Früchte zusammen mit einer Gabel zerdrücken und mit dem Quark mischen. In einer Schüssel anrichten und mit der Erdbeere garnieren.

Varianten: Statt der Erdbeeren und der Banane können Sie auch Aprikosen oder Pfirsiche im Mixer pürieren; Kiwi mit geriebenem Apfel passen ebenfalls gut zusammen.

Etwas teurer

Melonen-Ananas-Platte

Zutaten für 16 Portionen:
Je 1 Honigmelone und Wassermelone, gut gekühlt · 1 Ananas · 400 g Sahne
Pro Portion etwa 770 kJ/180 kcal
2 g Eiweiß · 9 g Fett · 25 g Kohlenhydrate · 3 g Ballaststoffe

Zubereitungszeit: etwa 20 Minuten

- Die Melonen waschen, abtrocknen, im Achtel schneiden und die Kerne entfernen.
- Die Ananas schälen, wobei der grüne Stiel nicht entfernt wird. Die Fruchtaugen herausschneiden und die Ananas in die Mitte einer großen runden Platte stellen.
- Die Sahne steif schlagen, in einen Spritzbeutel mit gezackter Tülle füllen und auf die Spalten der Honigmelone jeweils 1 Spirale spritzen.
- Die Melonenspalten abwechselnd sternförmig um die Ananas legen.
- Die Ananas kann zum Schluß in Scheiben geschnitten und gegessen werden.

Tip: Frische Ananas erkennt man am frischen und grünen Stiel.

Ganz einfach · Braucht etwas Zeit

Beerensülze

Zutaten für 20 Portionen:
500 g Johannisbeeren · 500 g Erdbeeren · 500 g Kirschen · Saft von 2 Zitronen · ¾ l naturtrüber Apfelsaft · ¾ l ungesüßter Kirschsaft · 3 Teel. Agar-Agar
Pro Portion etwa 290 kJ/70 kcal
1 g Eiweiß · 1 g Fett · 16 g Kohlenhydrate · 2 g Ballaststoffe

Zubereitungszeit: etwa 30 Minuten
Kühlzeit: etwa 5 Stunden

- Die Johannisbeeren und die Erbeeren waschen und von den Stielen zupfen. Die Kirschen waschen und entsteinen.
- Die Früchte in eine große Glasschüssel geben, mit dem Zitronensaft übergießen und vorsichtig mischen.
- Die Säfte in einen großen Topf schütten. Das Agar-Agar mit einem Schneebesen hineinrühren und bis eben zum Siedepunkt erhitzen. Den Topf vom Herd nehmen und die Flüssigkeit über die Früchte gießen. Die Beerensülze etwa 5 Stunden kalt stellen.

Das paßt dazu: halb steif oder steif geschlagene Sahne.

Ganz einfach · Etwas teurer

Gefüllte Backpflaumen

Zutaten für 8 Portionen:
250 g weiche Backpflaumen (Dörrpflaumen) · 250 g Frischkäse · je 1 Messerspitze edelsüßes Paprikapulver, Salz und Pfeffer, frisch gemahlen · 2–3 Eßl. Sahne · 2 Eßl. Walnußkerne, frisch gehackt · ½ Kopfsalat oder 100 g Feldsalat
Pro Portion etwa 890 kJ/210 kcal
5 g Eiweiß · 13 g Fett · 18 g Kohlenhydrate · 4 g Ballaststoffe

Zubereitungszeit: etwa 15 Minuten

• Die Pflaumen der Länge nach aufschneiden, den Kern herausnehmen und die Pflaumen an der Schnittstelle etwas aufdrücken.
• Den Frischkäse mit dem Paprikapulver, dem Salz und dem Pfeffer, der Sahne sowie den Walnüssen vermischen und in einen Spritzbeutel füllen. Jede Pflaume mit Käsecreme füllen.
• Den Salat putzen, waschen, trockenschleudern und auf einen Teller ausbreiten. Die gefüllten Pflaumen darauf verteilen.

Nicht ganz einfach · Braucht etwas Zeit

Tiramisu

Zutaten für 10 Portionen:
Für den Biskuit: 4 Eier · 3 Eßl. kaltes Wasser · 3 Eßl. Akazienhonig · 1 Prise Salz · abgeriebene Schale von ½ unbehandelten Zitrone · 100 g Dinkel, feingemahlen · 1 Messerspitze Weinsteinbackpulver · 1 Eßl. Arrowroot · ½ Tasse starker Bohnenkaffee oder Getreidekaffee · 3 Eßl. Mandellikör (Amaretto)
Für die Creme: 2 Eier · 500 g Mascarpone (italienischer Rahmfrischkäse) · 200 g Frischkäse · 2 Eßl. Akazienhonig · 4 Meßlöffel Bio-Bin oder 4 Blatt weiße Gelatine
Zum Bestäuben: 1 Eßl. ungesüßtes Kakaopulver oder Carob
Pro Portion etwa 1500 kJ/360 kcal
13 g Eiweiß · 26 g Fett · 15 g Kohlenhydrate · 1 g Ballaststoffe

Vorbereitungszeit: etwa 30 Minuten
Backzeit: etwa 20 Minuten
Fertigstellung: etwa 30 Minuten
Kühlzeit: etwa 2 Stunden

• Eine Springform von 24 cm Durchmesser mit Backtrennpapier auslegen. Den Backofen auf 180° vorheizen.
• Für den Teig die Eier in Eigelb und Eiweiß trennen. Die Eigelbe mit dem kalten Wasser und dem Honig sehr schaumig schlagen.
• Die Eiweiße mit dem Salz steif schlagen und auf den Eigelbschaum geben.
• Die abgeriebene Zitronenschale, das Dinkelmehl, das Backpulver und das Arrowroot vermischen und auf den Eischnee geben. Eischnee und Mehlgemisch mit dem Schneebesen unter die Eigelbcreme heben.
• Den Teig in die Springform geben und im Backofen (Mitte) etwa 20 Minuten backen; auskühlen lassen.
• Den Biskuitboden nach dem Auskühlen quer durchschneiden. Den unteren Boden mit der Hälfte des Kaffees und des Likörs tränken und auf eine Platte legen.
• Für die Creme die Eier in Eigelb und Eiweiß trennen. Den Mascarpone und den Frischkäse mit den Eigelben und dem Honig verrühren.
• Die Eiweiße steif schlagen und unter die Käsecreme ziehen. Das Bio-Bin hineinrühren. (Falls Sie Gelatine verwenden, wird diese 5 Minuten in kaltem Wasser eingeweicht, im Wasserbad aufgelöst und erst dann langsam in die Käsecreme gerührt.)
• Die Hälfte der Käsecreme auf den unteren Biskuitboden streichen.
• Den oberen Biskuitboden mit dem Rest des Kaffees und des Likörs tränken und auf die Käsecreme legen. Die restliche Käsecreme darauf verteilen und glattstreichen. Das Ganze etwa 2 Stunden kühl stellen.
• Die Tiramisu vor dem Servieren mit dem Kakao oder Carob bestäuben.

Variante: Sie können auch eine Torte herstellen, wenn Sie das Teigrezept 1½fach nehmen, den Biskuitboden zweimal durchschneiden und einmal mit Marmelade ohne Zucker füllen. Dann legen Sie den Springformring um die Torte, damit die Form beim Füllen erhalten bleibt.

Nicht ganz einfach · Braucht etwas Zeit

Weincharlotte

Zutaten für 12 Portionen:
Für den Teig: 5 Eier · 3 Eßl. kaltes Wasser · 3 Eßl. Akazienhonig · 130 g Dinkel, feingemahlen · 2 Eßl. ungesüßtes Kakaopulver
Für die Füllung: 1 Glas Orangenmarmelade (200 ccm, Rezept Seite 97)
Für die Weincreme: 6 Blatt weiße Gelatine · ¼ l Weißwein · 2 cl Orangenlikör · 3 Eier · 2 Eßl. Akazienhonig · 400 g Sahne
Zum Garnieren: 200 g Sahne · 100 g helle Weintrauben
Pro Portion etwa 1280 kJ/310 kcal
10 g Eiweiß · 21 g Fett · 22 g Kohlenhydrate · 3 g Ballaststoffe

Vorbereitungszeit: etwa 15 Minuten
Backzeit: etwa 12 Minuten
Fertigstellung: etwa 30 Minuten
Kühlzeit: 4–6 Stunden

- Den Backofen auf 200° vorheizen. Ein Backblech mit Backtrennpapier auslegen.
- Für den Teig die Eier in Eigelb und Eiweiß trennen. Die Eigelbe mit dem kalten Wasser und dem Honig schaumig rühren, bis die Masse fest und cremig-weiß ist.
- Das Dinkelmehl mit dem gesiebten Kakao mischen.
- Die Eiweiße steif schlagen. Den Eischnee auf die Schaummasse geben, das Mehl-Kakao-Gemisch darüberstreuen und vorsichtig darunterziehen.

Den Biskuitteig auf das Backblech streichen und im Backofen (Mitte) etwa 12 Minuten backen.
- In der Zwischenzeit ein Stück Backtrennpapier in der Größe des Backblechs auf die Arbeitsfläche legen. Die Biskuitplatte nach dem Backen sofort darauf stürzen. Das Backblech darauf liegen lassen, bis der Biskuit ausgekühlt ist.
- Danach das Backblech wegnehmen und das Backtrennpapier abziehen. Die Biskuitplatte mit der Orangenmarmelade bestreichen und mit Hilfe des darunterliegenden Backtrennpapiers aufrollen. Die Rolle in 2 cm dicke Scheiben schneiden.
- Mit den Biskuitscheiben eine Schüssel von 15–20 cm Durchmesser auslegen, dabei 5–6 Scheiben für den Deckel übrig lassen.
- Für die Weincreme die Gelatine in kaltem Wasser etwa 5 Minuten einweichen, dann auf einem Sieb abtropfen lassen und in 3 Eßlöffeln heißem Wein auflösen.
- Die Gelatineflüssigkeit mit dem restlichen Wein sowie dem Orangenlikör verrühren und kalt stellen, bis die Masse beginnt dick zu werden.
- Die Eier in Eigelb und Eiweiß trennen. Die Eigelbe mit dem Honig sehr schaumig schlagen. Die Eiweiße und die Sahne getrennt steif schlagen.
- Das Weingelee löffelweise in den Eigelbschaum rühren. Dann die Schlagsahne und danach den Eischnee unter die Creme ziehen.
- Die Weincreme in die mit den Biskuitscheiben ausgelegte Schüssel füllen, die restlichen Biskuitscheiben als Deckel darauflegen und die Schüssel 4–6 Stunden in den Kühlschrank stellen.
- Vor dem Servieren die Weincharlotte auf eine Tortenplatte stürzen. Die Sahne steif schlagen. Das Dessert mit der Schlagsahne und den Weintrauben garnieren.

Kleiner Empfang am Vormittag

Früher war ein Empfang ausschließlich Sache der Fürsten und hochgestellten Persönlichkeiten. Im vorigen Jahrhundert »empfing« man dann auch in Bürgerhäusern, die etwas auf sich hielten. An einem Tag in der Woche fanden Freunde und Bekannte ein offenes Haus, Tee oder Wein und ein paar Kekse vor. Man konnte auf einmal alle seine Einladungsverpflichtungen abgelten.

Heute geben wir Empfänge zu besonderen Gelegenheiten, zu großen Familienfesten. Wenn es viele einzuladen gilt, wird man meist ins Restaurant gehen. Einen kleinen Empfang kann man selbst ausrichten. Was Sie anbieten können, finden Sie in diesem Kapitel. Selbstverständlich können Sie aus den vorangegangenen Rezept-Ideen ergänzen. Da eine solche Einladung meist am Vormittag stattfindet, habe ich reizvolle Gerichte ausgewählt, die sozusagen als zweites Frühstück gelten können.

Als Getränke passen hier zum Beispiel wohlschmeckende und anregende Tees wie Pfefferminze mit Zitronenmelisse und Apfelschalen, Erdbeer-, Himbeer- und Brombeerblätter oder Ringelblumenblüten mit Pfefferminze und Brennesselblättern.

Ganz einfach · Schrot am Tag zuvor eingeweicht

Fruchtiger Frischkornimbiß

Zutaten für 10 Portionen:
500 g Dinkel · 400–500 ccm Wasser · 50 g Haselnußkerne · 50 g Sonnenblumenkerne · 500 g Bananen · 1 kg Erdbeeren · Saft von 2 Zitronen · 400 g Sahne
Pro Portion etwa 1800 kJ/430 kcal
10 g Eiweiß · 20 g Fett · 50 g Kohlenhydrate · 9 g Ballaststoffe

Quellzeit: etwa 8 Stunden
Zubereitungszeit: etwa 20 Minuten

- Den Dinkel mittelgrob schroten und mit dem Wasser anrühren.
- Die Nüsse grob hacken, mit den Sonnenblumenkernen zum Dinkelschrot geben und in einer zugedeckten Schüssel über Nacht quellen lassen.
- Am nächsten Tag die Bananen schälen und in Scheiben schneiden. Die Erdbeeren gründlich waschen, putzen und kleinschneiden. Mit den Bananenscheiben mischen. Den Zitronensaft darüberträufeln.
- Die Sahne halb steif schlagen und in den Getreidebrei mischen.
- Das Obst gesondert dazu reichen.

Braucht etwas Zeit

Hafermüsli mit Erdbeeren

Zutaten für 4 Portionen:
200 g Hafer · 200 g saure Sahne · 2 Äpfel · 2 Eßl. Zitronensaft · 500 g Erdbeeren · 2 Eßl. Walnußkerne, frisch gehackt
Zum Garnieren: 200 g Sahne · einige kleine Erdbeerblätter, ersatzweise Minzeblätter
Pro Portion etwa 2200 kJ/520 kcal
11 g Eiweiß · 30 g Fett · 53 g Kohlenhydrate · 9 g Ballaststoffe

Zubereitungszeit: etwa 25 Minuten

- Den Hafer darren (in einer trockenen Pfanne rösten) und auskühlen lassen.
- Die Haferkörner grob schroten und mit der sauren Sahne verrühren; 15 Minuten quellen lassen.
- Inzwischen die Äpfel waschen, vom Kernge-

häuse befreien, grob raspeln und mit dem Zitronensaft beträufeln, damit sich die Äpfel nicht verfärben; dann unter den Haferbrei mischen.

- Die Erdbeeren waschen, putzen, in kleine Stückchen schneiden und auf das Müsli häufen. Die Nüsse darüberstreuen.
- Die Sahne steif schlagen, in einen Spritzbeutel füllen und einen Rand um das Müsli spritzen. Mit den Erdbeerblättern garnieren.

Preiswert · Gerste vorgekeimt

Gerstensprossenmüsli

Zutaten für 4 Portionen:
200 g Gerste · 2 Eßl. Haselnußkerne, frisch gehackt · 1 Apfel · 1 Banane · je 4 getrocknete Datteln und Feigen · 2 Eßl. Rosinen · 1 Messerspitze Zimtpulver · 2 Mandarinen · 100 g Sahne
Pro Portion etwa 1800 kJ/430 kcal
9 g Eiweiß · 14 g Fett · 62 g Kohlenhydrate · 11 g Ballaststoffe

Keimzeit: 1½–2 Tage
Zubereitungszeit: etwa 20 Minuten

- Die Gerstenkörner etwa 2 Tage vorher zum Keimen ansetzen (siehe Seite 9).
- Die gekeimten Körner im Mixer zerhacken. Die Nüsse dazugeben.
- Den Apfel waschen, vom Kerngehäuse befreien und in kleine Stückchen schneiden. Die Banane schälen und in feine Scheibchen schneiden.
- Die Datteln und die Feigen kleinschneiden, mit den Apfelstückchen, den Bananenscheibchen, den Rosinen und dem Zimt unter den Körnerbrei mischen.
- Die Mandarinen sorgfältig schälen und in Segmente teilen.
- Die Sahne steif schlagen. Das Müsli in Portionsschälchen verteilen, mit den Mandarinenspalten und der Sahne verzieren.

Ganz einfach · Schrot am Tag zuvor eingeweicht

Fünfkornmüsli

Zutaten für 4 Portionen:
200 g Fünfkornmischung (Weizen, Roggen, Gerste, Buchweizen, Hirse) · ¼ l kaltes Wasser · 2 Bananen · 500 g Beeren nach Jahreszeit · Saft von 1 Orange oder Grapefruit · 2 Eßl. geröstete Sonnenblumenkerne · 100 g Sahne · 100 g Joghurt
Pro Portion etwa 1800 kJ/430 kcal
11 g Eiweiß · 15 g Fett · 63 g Kohlenhydrate · 10 g Ballaststoffe

Quellzeit: etwa 12 Stunden (über Nacht)
Zubereitungszeit: etwa 20 Minuten

- Das Getreide am Abend vorher grob schroten und mit dem Wasser anrühren; über Nacht quellen lassen.
- Am anderen Tag die Bananen schälen und in Scheibchen schneiden.
- Die Beeren waschen, putzen und abtropfen lassen. Einige Beeren für die Garnierung beiseite legen, die übrigen mit den Bananen mischen. Den Orangen- oder Grapefruitsaft dazugießen.
- Das Obst mit dem Getreidebrei mischen. Die Sonnenblumenkerne darüberstreuen. Das Müsli mit den restlichen Beeren garnieren.
- Die Sahne steif schlagen, mit dem Joghurt verrühren und gesondert zum Fünfkornmüsli reichen.

Etwas teurer · Schrot am Tag zuvor eingeweicht

Exotisches Festtagsmüsli

Zutaten für 4 Portionen:
200 g Weizen · 200 ccm Wasser · ½ frische Ananas · 200 g Sahne · 40 g Pinienkerne · 2 Eßl. ungeschwefelte Rosinen · 1 Kiwi
Pro Portion etwa 2200 kJ/520 kcal
10 g Eiweiß · 23 g Fett · 70 g Kohlenhydrate · 10 g Ballaststoffe

Quellzeit: etwa 12 Stunden (über Nacht)
Zubereitungszeit: etwa 20 Minuten

- Den Weizen am Abend vorher grob schroten und mit dem Wasser anrühren; über Nacht quellen lassen.
- Die Ananas schälen und in kleine Würfel schneiden; holzige Teile dabei entfernen. Die Ananaswürfel mit dem Getreidebrei mischen.
- Die Sahne steif schlagen und unter das Müsli heben. Mit den Pinienkernen und den Rosinen bestreuen.
- Die Kiwi schälen, in Scheiben schneiden und das Müsli damit garnieren.

Ganz einfach · Braucht etwas Zeit

Milchbrötchen

Zutaten für 16–20 Stück:
500 g Dinkel, feingemahlen, ersatzweise Weizen · 1 Messerspitze Salz · 1 Eßl. flüssiger Honig · 40 g weiche Butter · 30 g Hefe · ¼ l Milch · 100 g ungeschwefelte Rosinen oder Korinthen
Für das Backblech: Butter oder Öl
Zum Bestreichen: 100 ccm Milch

Bei 16 Brötchen pro Stück etwa 650 kJ/150 kcal
5 g Eiweiß · 4 g Fett · 26 g Kohlenhydrate · 4 g Ballaststoffe

Vorbereitungszeit: etwa 25 Minuten
Zeit zum Gehenlassen: etwa 25 Minuten
Backzeit: etwa 30 Minuten

- Das Dinkelmehl, das Salz, den Honig, die Butter, die zerbröckelte Hefe und die Milch in eine Rührschüssel geben und mit den Knethaken des Handrührgerätes oder der Küchenmaschine etwa 10 Minuten kneten.
- Die Rosinen waschen und zum Schluß mit einkneten. Den Teig mit einem Tuch abdecken und an einem warmen Platz etwa 15 Minuten gehen lassen.
- Ein Backblech einfetten oder mit Backtrennpapier auslegen.
- Den Teig durchkneten, in 16–20 Teile teilen; das geht am besten, wenn man mit einem Eßlöffel gleich große Stücke absticht. Jedes Teigstück mit bemehlten Händen rund formen (»schleifen«, siehe Seite 50) und auf das Backblech setzen.
- Das Blech in den Backofen (Mitte) schieben. Den Ofen auf 50° einstellen und die Brötchen 10 Minuten gehen lassen. Dann die Temperatur auf 200° schalten und die Brötchen 30 Minuten backen; zwischendurch mit der Milch bestreichen.

Varianten: Statt der Rosinen oder Korinthen können Sie auch 3 in kleine Würfel geschnittene Äpfel oder 100 g gehackte Walnüsse oder Mandeln unter den Teig mischen.

Ganz einfach · Braucht etwas Zeit

Buttermilchbrötchen

Zutaten für 10 Stück:
375 g Weizen, feingemahlen · ¼ l Buttermilch · ½ Würfel Hefe (20 g) · ½ Teel. Salz · 3 Eßl. Öl oder weiche Butter · 100 g Magerquark · 2 Eßl. Sesamsamen
Pro Stück etwa 690 kJ/160 kcal
8 g Eiweiß · 5 g Fett · 24 g Kohlenhydrate · 5 g Ballaststoffe

Vorbereitungszeit: etwa 20 Minuten
Zeit zum Gehenlassen: etwa 25 Minuten
Backzeit: etwa 30 Minuten

- Ein Backblech mit Backtrennpapier auslegen.
- Das Mehl, die Buttermilch, die zerbröckelte Hefe, das Salz, das Öl oder die Butter und den Quark in eine Schüssel geben und alles zu einem Teig verkneten, am besten mit dem Knethaken der Küchenmaschine. Sollte der Teig zu weich sein, noch etwas Mehl dazugeben.
- Den Teig mit einem Tuch abdecken und an einem warmen Platz etwa 15 Minuten gehen lassen.
- Den Teig durchkneten, 10 runde Brötchen mit bemehlten Händen aus dem Teig formen, mit Wasser besprühen und mit den Sesamsamen bestreuen.
- Die Brötchen auf das Backblech setzen und in den Backofen (Mitte) schieben; den Ofen auf 50° einstellen und die Brötchen etwa 10 Minuten gehen lassen. Dann die Temperatur auf 200° schalten und die Buttermilchbrötchen etwa 30 Minuten backen.

Tip: Möchten Sie die Brötchen früh morgens frisch backen, kann der Teig auch über Nacht zugedeckt kalt gestellt und am anderen Morgen verarbeitet werden.

Preiswert · Braucht etwas Zeit

Käsebrötchen

Zutaten für 16–20 Stück:
500 g Weizen · je 1 Teel. Koriander, Anis und Fenchel · 1 Eßl. Kümmel · 30 g Hefe · 1 Teel. Salz · 250–270 ccm Buttermilch · 3 Eßl. Öl · 150 g Schnittkäse (Emmentaler oder deutscher Gouda)
Für das Backblech: Butter oder Öl
Bei 16 Brötchen pro Stück etwa 630 kJ/150 kcal
7 g Eiweiß · 5 g Fett · 20 g Kohlenhydrate · 4 g Ballaststoffe

Vorbereitungszeit: etwa 25 Minuten
Zeit zum Gehenlassen: etwa 25 Minuten
Backzeit: etwa 30 Minuten

- Den Weizen mit den Gewürzen von Koriander bis Kümmel mischen und fein mahlen.
- Die zerbröckelte Hefe, das Salz, die Buttermilch und das Öl zum Mehl geben und mit den Knethaken des Handrührgerätes oder der Küchenmaschine gut durchkneten, bis sich der Teig von dem Schüsselrand löst.
- Den Käse grob raspeln oder fein würfeln, zwei Drittel davon in den Teig einkneten. Den Teig, mit einem Tuch zugedeckt, etwa 15 Minuten an einem warmen Platz gehen lassen.
- Inzwischen ein Backblech einfetten.
- Den Hefeteig durchkneten, mit einem Eßlöffel 16–20 Teile abstechen und mit bemehlten Händen zu runden Brötchen formen (»schleifen«, siehe Seite 50). Die Brötchen auf das Backblech setzen, mit Wasser besprühen und mit dem restlichen geraspelten Käse bestreuen.
- Den Backofen auf 50° einstellen, das Blech einschieben (Mitte) und die Brötchen etwa 10 Minuten gehen lassen. Dann die Temperatur auf 200° schalten und die Käsebrötchen etwa 30 Minuten backen.

Preiswert · Nicht ganz einfach

Brötchenrad

Zutaten für 1 Rad (= 19 Brötchen):
750 g Weizen · je 1 Teel. Anis, Fenchel, Koriander · 1 Würfel Hefe (40 g) · 1 Teel. Salz · ⅜ l Schwedenmilch oder 375 g Joghurt · eventuell etwas Wasser · je 1 Eßl. Kümmel, Mohn oder Sesamsamen
Pro Brötchen etwa 580 kJ/140 kcal
6 g Eiweiß · 2 g Fett · 25 g Kohlenhydrate · 5 g Ballaststoffe

Vorbereitungszeit: etwa 30 Minuten
Zeit zum Gehenlassen: etwa 25 Minuten
Backzeit: etwa 25 Minuten

- Den Weizen mit den Gewürzen fein mahlen.
- Das gewürzte Mehl in eine Schüssel geben. Die zerbröckelte Hefe, das Salz und die Schwedenmilch oder den Joghurt dazugeben und mit den Knethaken des Handrührgerätes oder der Küchenmaschine zu einem geschmeidigen, nicht zu festen Teig verkneten; eventuell noch etwas Wasser hinzufügen. Den Teig mit einem feuchten Tuch abdecken und an einem warmen Platz etwa 15 Minuten gehen lassen.
- Den Hefeteig durchkneten, mit einem Löffel 19 gleich große Teile abstechen und mit bemehlten Händen zu runden Brötchen formen.
- Ein Backblech mit Backtrennpapier auslegen, die Brötchen zu einem runden »Rad« darauflegen, ein Brötchen in die Mitte, 6 Brötchen um das mittlere und 12 ringsum als äußeren Kreis. Die Brötchen mit Wasser besprühen; Kümmel, Mohn oder Sesamsamen daraufstreuen.
- Den Backofen auf 50° einschalten. Das Backblech in den Backofen (Mitte) schieben und die Brötchen 10 Minuten gehen lassen. Dann die Temperatur auf 200° schalten und das Brötchenrad etwa 25 Minuten backen.

Ganz einfach

Müslibrot

Zutaten für 1 Toastbrot:
500 g Dinkel, feingemahlen · 30 g Hefe · 1 Messerspitze Salz · 350 g Buttermilch · 3 Eßl. Öl · 100 g Rosinen · 100 g Sonnenblumenkerne · 100 g beliebige Nüsse, grob gehackt
Für die Form: Butter oder Öl
Bei 16 Scheiben pro Scheibe etwa 910 kJ/220 kcal
8 g Eiweiß · 10 g Fett · 26 g Kohlenhydrate · 4 g Ballaststoffe

Vorbereitungszeit: etwa 20 Minuten
Zeit zum Gehenlassen: etwa 40 Minuten
Backzeit: etwa 50 Minuten

- Das Dinkelmehl, die zerbröckelte Hefe, das Salz, die Buttermilch und das Öl in eine Rührschüssel geben und mit den Knethaken des Handrührgerätes oder der Küchenmaschine etwa 10 Minuten kneten.
- Die Rosinen, die Sonnenblumenkerne und die Nüsse dazugeben und in den Teig einarbeiten. Den Teig mit einem feuchten Tuch abdekken und an einem warmen Platz etwa 30 Minuten gehen lassen.
- Inzwischen eine Kastenform von 30 cm Länge gut einfetten.
- Den Teig nochmals durchkneten und daraus auf bemehlter Arbeitsfläche zwei gleich schwere Rollen formen; diese miteinander verschlingen und in die Form legen; nochmals 10 Minuten gehen lassen.
- Die Form in den kalten Backofen (unten) schieben, die Temperatur auf 200° einstellen und das Brot etwa 50 Minuten backen.

Tip: Das Brot sollte erst am nächsten Tag angeschnitten werden.

Schnell

Honigbutter

Zutaten für 20 Portionen:
500 g weiche Butter · 2 Eßl. fester Honig
Pro Portion etwa 810 kJ/190 kcal
0 g Eiweiß · 21 g Fett · 2 g Kohlenhydrate · 0 g Ballaststoffe

Zubereitungszeit: etwa 8 Minuten
Kühlzeit: etwa 15 Minuten

- Die Butter mit dem Schneebesen cremig rühren. Den Honig gut darunterrühren.
- Die Honigbutter im Kühlschrank durchkühlen lassen; dann in einen Spritzbeutel mit gezackter Tülle füllen und auf einen Glasteller eine Pyramide spritzen.

Ganz einfach · Etwas teurer

Fruchtbutter

Zutaten für 10 Portionen:
250 g weiche Butter · 50 g Walnußkerne · 150 g gemischte ungeschwefelte Trockenfrüchte (Pflaumen ohne Stein, Aprikosen, Datteln, Feigen)
Pro Portion etwa 1100 kJ/260 kcal
2 g Eiweiß · 24 g Fett · 10 g Kohlenhydrate · 2 g Ballaststoffe

Zubereitungszeit: etwa 15 Minuten

- Die Butter schaumig rühren.
- Die Walnüsse und das Trockenobst durch den Fleischwolf drehen oder mit dem elektrischen Blitzhacker zerkleinern und mit der Butter verrühren.
- Die Fruchtbutter zu Kugeln formen und auf einen Teller häufen.

Braucht etwas Zeit

Mandelbutter

Zutaten für 10 Portionen:
½ l Wasser · 100 g Mandeln · 250 g weiche Butter · 1 Eßl. Akazienhonig · 1 Messerspitze Ingwer, frisch gerieben
Pro Portion etwa 1100 kJ/260 kcal
3 g Eiweiß · 26 g Fett · 3 g Kohlenhydrate · 1 g Ballaststoffe

Zubereitungszeit: etwa 20 Minuten

- Das Wasser in einem Topf zum Kochen bringen, die Mandeln 5 Minuten darin ziehen lassen.
- Die Mandeln auf ein Sieb schütten, noch heiß von der braunen Haut befreien und auf einem Tuch oder auf Küchenkrepp trocknen.
- Mandeln grob hacken.
- Die Butter mit dem Akazienhonig cremig rühren. Den Ingwer und die Mandeln daruntermischen.

Ganz einfach · Kerne vorgekeimt

Sprossenpaste

Zutaten für 1 Glas von 250 ccm Inhalt:
100 g Sonnenblumenkerne · 100 g Kürbiskerne · 100 ccm Wasser · 50 g Honig · Saft von ½ Zitrone · 1 Prise Ingwer, frisch gerieben

Insgesamt etwa 5600 kJ/1300 kcal
54 g Eiweiß · 98 g Fett · 58 g Kohlenhydrate · 13 g Ballaststoffe

Quellzeit: 3–4 Stunden
Keimzeit: 1–2 Tage
Zubereitungszeit: etwa 15 Minuten

- Die Sonnenblumen- und Kürbiskerne waschen, mit dem Wasser begießen und 3–4 Stunden quellen lassen.
- Dann die Kerne auf ein Sieb schütten, abtropfen lassen und 1–2 Tage zum Keimen stehen lassen, bis sich die Keimlinge zeigen; dabei täglich 2- bis 3mal mit frischem Wasser überspülen (siehe auch Seite 9).
- Die gekeimten Kerne im Mixer pürieren.
- Den Honig, den Zitronensaft und den Ingwer in das Mus mischen. Die Sprossenpaste in ein sauberes Glas mit Schraubdeckel füllen. Sie hält sich im Kühlschrank 2–3 Tage.

Ganz einfach

Kalt gerührte Orangenmarmelade

Nach dem folgenden Rezept kann auch jede andere Fruchtsorte verarbeitet werden.

Zutaten für 5 Gläschen von je 200 ccm Inhalt:
1 kg Orangen, davon mindestens 1 Orange unbehandelt · Saft von 1 Zitrone · 200 g fester, cremiger Honig · 5 Meßlöffel Bio-Bin (5 g)
Zum Konservieren: etwas reiner Alkohol (90 Vol.%)
Pro Gläschen etwa 920 kJ/220 kcal
3 g Eiweiß · 1 g Fett · 52 g Kohlenhydrate · 4 g Ballaststoffe

Zubereitungszeit: etwa 25 Minuten

- Die Orangen heiß waschen. Die Früchte bis auf 1 Orange schälen und alle Orangen grob zerteilen. Die Stücke mit dem Zitronensaft, dem Honig und dem Bio-Bin im Mixer fein pürieren.
- Das Fruchtpüree in eine Schüssel geben und mit dem Handrührgerät etwa 15 Minuten aufschlagen.
- Die Marmelade in kleine Gläschen (mit Twist-off-Deckel) füllen und mit Alkohol verschließen, das heißt 3–4 Tropfen Alkohol auf das Deckelinnere geben, anzünden und das Glas mit dem Deckel bei brennender Flamme verschließen.
- Die Marmelade im Kühlschrank aufbewahren und bald verbrauchen oder in kleinen Gefrierdosen einfrieren.

Braucht etwas Zeit · Etwas teurer

Nußhörnchen

Zutaten für 20 Stück:
Für den Teig: 750 g Weizen, feingemahlen · 1 Würfel Hefe (40 g) · 250 g lauwarme Sahne · ⅛ l lauwarmes Wasser · 1 Messerspitze Salz · 1 Eßl. Honig · abgeriebene Schale von 1 unbehandelten Zitrone · 100 g weiche Butter
Für die Füllung: 150 g Hasel- oder Walnußkerne · 2 Eßl. Honig · 1 Teel. Zimtpulver · etwas Wasser
Zum Bestreichen und Bestreuen: 1 Eigelb · 2 Eßl. Haselnüsse, frisch gerieben
Pro Stück etwa 1100 kJ/260 kcal
7 g Eiweiß · 14 g Fett · 26 g Kohlenhydrate · 5 g Ballaststoffe

Vorbereitungszeit: etwa 1 Stunde
Zeit zum Gehenlassen: etwa 25 Minuten
Backzeit: 25–30 Minuten

• Das Mehl, die zerbröckelte Hefe, die Sahne, das Wasser, das Salz, den Honig, die Zitronenschale und die Butter in einer Schüssel mit den Knethaken des Handrührgerätes oder der Küchenmaschine in etwa 10 Minuten zu einem geschmeidigen Teig verkneten. Den Teig, mit einem Tuch bedeckt, etwa 15 Minuten an einem warmen Platz gehen lassen.
• Inzwischen für die Füllung die Nüsse mahlen. Den Honig, den Zimt und so viel Wasser dazurühren, daß die Masse streichfähig wird.
• Ein Backblech mit Backtrennpapier auslegen.
• Den Teig durchkneten, in 2 Teile teilen und jedes Stück auf bemehlter Fläche dünn zu einem Rechteck ausrollen. Aus jedem Rechteck 10 Dreiecke ausrädeln. Jedes Dreieck mit Nußmasse bestreichen, dabei die Ränder frei lassen. Die Dreiecke von der Breitseite zur Spitze aufrollen, zu Hörnchen formen und auf das Blech legen.

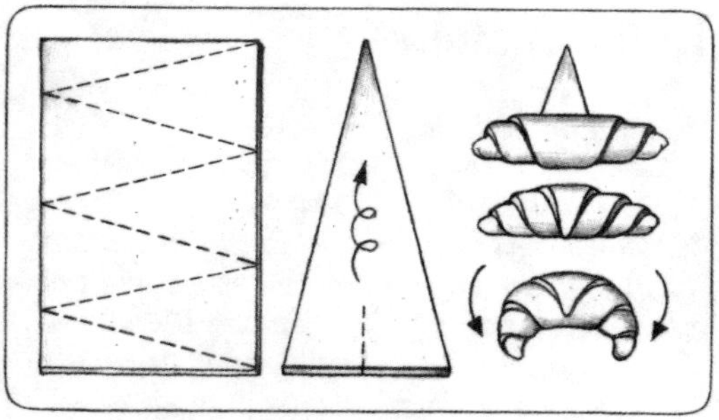

So werden die Hörnchen gefüllt und geformt.

• Das Eigelb mit wenig Wasser verrühren, die Hörnchen damit bestreichen und mit den geriebenen Nüssen bestreuen.
• Den Backofen auf 50° einstellen, das Backblech einschieben (Mitte) und die Hörnchen 10 Minuten gehen lassen. Dann die Temperatur auf 200° schalten und die Nußhörnchen 25–30 Minuten backen.

Ganz einfach

Apfelschnitten

Zutaten für 1 Backblech:
Für den Teig: 300 g Weizen, feingemahlen · 1 Würfel Hefe (20 g) · 1 Prise Salz · 100 ccm lauwarme Milch · 100 g lauwarme Sahne · 1 Eßl. Honig
Für den Belag: 850 g Äpfel (zum Beispiel Boskop) · 100 g Walnüsse, frisch gehackt · 4 Eßl. flüssige Butter · 1 Eßl. Honig
Für das Backblech: Butter oder Öl
Bei 16 Stücken pro Stück etwa 730 kJ/170 kcal
4 g Eiweiß · 9 g Fett · 20 g Kohlenhydrate · 4 g Ballaststoffe

Vorbereitungszeit: etwa 35 Minuten
Zeit zum Gehenlassen: etwa 25 Minuten
Backzeit: etwa 25 Minuten

• Das Mehl, die zerbröckelte Hefe, das Salz, die Milch, die Sahne und den Honig in eine Schüssel geben, mit den Knethaken des Handrührgerätes oder der Küchenmaschine kneten, bis sich der Teig vom Schüsselrand löst.
• Den Teig, mit einem Tuch bedeckt, an einem warmen Platz etwa 15 Minuten gehen lassen.
• Inzwischen ein Backblech einfetten.
• Die Äpfel waschen, vom Kerngehäuse befreien und in Achtel schneiden.
• Den Teig durchkneten, dann auf dem Backblech ausrollen und mit den Äpfeln belegen. Die Nüsse darauf verteilen.
• Die flüssige Butter mit dem Honig mischen, leicht erwärmen und über die Äpfel gießen.
• Den Backofen auf 50° einstellen, das Blech einschieben (Mitte) und den Kuchen 10 Minuten gehen lassen. Die Temperatur auf 200° schalten und den Kuchen etwa 25 Minuten backen.
• Den Apfelkuchen in 16 Stücke schneiden und auskühlen lassen.

Kleine Vollwert-Warenkunde

Einige der unten genannten Zutaten kaufen Sie am besten im Naturkostladen oder Reformhaus. Manche gibt es nur im Reformhaus, hier finden Sie jeweils den Hinweis beim Stichwort.

Agar-Agar: ist eine pflanzliche Gelatine; es besteht aus getrockneten Meeresalgen. Die Geliertemperatur liegt bei 30–40°. So kann man auch gut kalt gerührte Marmelade oder Konfitüre damit andicken.

Ahornsirup: Der sehr schmackhafte Saft wird aus den Stämmen junger Ahornbäume gezapft und zu Sirup eingekocht. Ahornsirup ist ein Konzentrat, er sollte nur für Spezialitäten und sehr sparsam verwendet werden.

Akazienhonig: hat eine hohe Süßkraft, ist geschmacksneutral, goldgelb und kristallisiert sehr langsam.

Alfalfa: ist eine Kleeart (Luzerne). Die Pflanze ist sehr mineralstoffreich. Man läßt die Samen keimen (siehe Seite 9). Die Keimlinge können gut als Salat zubereitet oder unter einen anderen Salat gemischt werden; sie sind auch als Brotbelag zu verwenden.

Apfel- und Birnendicksaft: werden aus frisch gepreßtem Saft hergestellt. Der Saft wird mehrere Stunden gekocht, bis das Wasser verdunstet ist. Selbstherstellung lohnt sich nur dann, wenn man sehr viel Obst verarbeiten will.

Arrowroot: auch Pfeilwurzelmehl genannt, ist ein Stärkemehl aus den Wurzeln und Knollen bestimmter tropischer Stauden wie Cassave, Maniok und anderen. Die Wurzeln werden ausgegraben, geschält, gewaschen, zermahlen, die Stärke herausgesiebt und getrocknet. Arrowroot ist ein Bindemittel für die Vollwertküche, reich an Mineralstoffen.

Avocado: ist eine birnenförmige Obstdelikatesse aus dem tropischen Amerika. Das grüne Fruchtfleisch ist von butterweicher Konsistenz und hat ein mildes Aroma. Die Frucht hat einen hohen Gehalt an ungesättigten Fettsäuren und Vitaminen.

Balsam-Essig: auch Balsamico genannt, ist ein alter Rotweinessig (er wird nach »Alter« verkauft). Der junge Essig ist drei bis fünf Jahre alt, ein mittelalter sieben bis zehn Jahre. Je älter der Essig, desto höher ist sein Preis.

Bio-Bin: ist ein pflanzliches Bindemittel für kalte und heiße Flüssigkeiten. Es wird aus Johannisbrotkernmehl hergestellt und ist im Reformhaus erhältlich. Es ist nicht billig, aber sehr sparsam in der Verwendung.

Biosmon: ist ein Mineralsalzgemisch. Es dient zum Waschen und Frischhalten von Lebensmitteln (Obst, Gemüse und Salat).

Buchweizen: ist ein Knöterichgewächs. Es stammt ursprünglich aus Nordasien und wird wie Getreide verwendet. Buchweizenmehl ist glutenfrei und läßt sich vielfältig verarbeiten. Es ist sehr vitamin- und mineralstoffreich und enthält hochwertiges Eiweiß.

Carob: wird aus den Früchten des Johannisbrotbaumes gewonnen. Carob, eine Alternative zu Kakao, ist ein Naturprodukt und enthält keine chemischen Konservierungsmittel. Carob bietet Vitamin A, Kalzium, Phosphor, Eisen, Magnesium und Kupfer. Es stopft nicht, enthält kein Koffein und ist daher dem Kakao vorzuziehen.

Darren: bedeutet das Rösten von Samen und Körnern im Backofen bei niedriger Temperatur oder in einer trockenen Pfanne auf dem Herd, bis das Geröstete anfängt zu duften.

Kleine Vollwert-Warenkunde

Delifrut: ist eine Gewürzmischung für Süßspeisen. Im Reformhaus erhältlich.

Dinkel: ist eine alte Kulturpflanze des Weizens. Dinkel hat einen hohen Anteil an Klebereiweiß und eignet sich daher sehr gut zum Backen.

Gemüsebrühe: ist zum Unterschied von konventioneller Fleischbrühe auf rein pflanzlicher Basis aufgebaut. Sie enthält Meersalz und viel Gemüse.

Grünkern: ist das in der Milchreife geerntete Getreidekorn des Dinkels, das auf Holzfeuer gedarrt wird. Dadurch bekommt der Grünkern sein besonderes Aroma und schmeckt herzhaft-würzig.

Hefeflocken: können als Würzmittel verwendet werden, vor allem in Suppen, Saucen, Salaten und Teigwaren. Hefeflocken enthalten pflanzliches Eiweiß und Vitamine der B-Gruppe.

Hirse: ist das mineralstoffreichste Getreide. Sie enthält Kieselsäure, Fluor, Eiweiß und Lezithin. Hirse enthält kein Gluten und ist deshalb alleine nicht backfähig.

Kichererbsen: sind Hülsenfrüchte des Mittelmeerraumes. Sie werden aber auch in einigen Gegenden Süddeutschlands angebaut. Kichererbsen sollte man vor dem Kochen einweichen.

Koriander: ist eine Gewürzpflanze mit pfefferkornähnlichen Früchten. Wird verwendet als Back- und Kochgewürz mit intensivem Geschmack.

Kurkuma: auch Gelbwurz genannt, stammt aus den Wurzelstöcken eines südostasiatischen Ingwergewächses. Die Kurkuma ist ein wesentlicher Bestandteil des Currypulvers.

Kuzu: wird aus den Wurzeln der Kuzupflanze gewonnen, die wild in den Bergen Japans wächst. Das Kuzupulver wird wie Stärke verwendet; es ist reich an Mineralien und Kalorien.

Mungobohnen: (auch Mungbohnen) sind kleine getrocknete grüne Sojabohnen. Leicht gedünstet als Gemüse oder auch als Zugabe zu Salaten, bilden sie eine Bereicherung der vegetarischen Küche. Knackig frische Sojasprossen aus Mungobohnen haben seit jeher einen festen Platz in der chinesischen Küche. Mungobohnen aus biologischem Anbau kommen seit kurzem in ausreichenden Mengen aus Italien.

Mozzarella: ist ein italienischer Frischkäse aus Kuh- oder Büffelmilch mit leicht säuerlichem Geschmack.

Öl: Kaltgepreßte Öle sind weitgehend naturbelassen und enthalten wertvolle Inhaltsstoffe; nur diese sollten in der Vollwertküche verwendet werden. Zu bevorzugen sind Sorten mit einem hohen Anteil an mehrfach ungesättigten Fettsäuren. Öle mit ausgeprägtem Eigengeschmack wie Olivenöl, Walnußöl würzen zusätzlich, zum Beispiel bei Salaten.

Orangeat/Zitronat: werden mit Zucker konserviert. Wer sie nicht verwenden will, kann die unbehandelte Schale von Orangen oder Zitronen (ohne das Weiße) verwenden. Da die Schalen weniger Volumen haben, muß dann eine andere Backzutat, zum Beispiel Nüsse, mengenmäßig vergrößert werden (statt 100 g Orangeat die Schale von 2 Orangen plus 50 g Nüsse beispielsweise).

Perltapioka: wird aus den Wurzeln der in Südamerika beheimateten Maniokpflanze gewonnen. Wird wie Sago (siehe dort) verwendet.

Kleine Vollwert-Warenkunde

Piccata: ist eine pikant-scharfe Gewürzmischung. Im Reformhaus erhältlich.

Pinienkerne: sind die hartschaligen Samen der südeuropäischen Pinie. Der Samenkern ist stark ölhaltig und hat einen feinen harzähnlichen Geschmack.

Rübensirup: wird aus Zuckerrübensaft durch Einkochen gewonnen. Er hat einen würzig-süßen Geschmack.

Sago: wird aus dem Mark der Sagopalme gewonnen. Unechter Sago wird aus Kartoffelmehl hergestellt. Sago wird zum Binden von Puddings, Grützen, Kaltschalen und sonstigen Süßspeisen verwendet.

Schalotte: ist die Königin der Zwiebeln. Sie hat einen sanft aromatischen Geschmack und ist für feine Salate geeignet.

Senfkeimlinge: haben einen besonders würzigen Geschmack, so daß auf Kochsalz fast völlig verzichtet werden kann, wenn man zum Beispiel Salate, Pasten und Aufstriche damit würzt.

Senfpulver: (pulverisierte Senfkörner) kann man sehr gut selbst herstellen, indem man die Senfkörner in einer Gewürzmühle oder einer ausgedienten elektrischen Kaffeemühle mahlt.

Sesamsamen: sind die Samen des asiatischen Sesamkrautes. Sesam wird gemahlen und zur Herstellung von Brot und Süßwaren verwendet. Ungemahlene, geröstete Sesamkörner schmekken intensiv würzig und sind eine beliebte Zutat der chinesischen und indischen, aber auch der Vollwertküche.

Vanille, gemahlen: wird aus den Kapselfrüchten eines Orchideengewächses gewonnen, das vor allem in Mexiko und Indonesien angebaut wird. Die schlauchförmigen Fruchtkapseln werden kurz vor der Reife geerntet und fermentiert, wobei sich das angenehme Aroma entwickelt.

Zuckerrohrgranulat: ist getrockneter Pflanzensaft aus Zuckerrohr. Das Granulat wird auf schonende Weise gewonnen und nicht raffiniert. Dieser Vollrohrzucker enthält viele Vitamine und Mineralstoffe.

Rezept- und Sachregister

Kursiv gesetzte Seitenzahlen verweisen auf Farbbilder.

Rezept- und Sachregister

Rezept- und Sachregister

Auch ohne Fleisch läßt sich Feines in Aspik verpacken. Zur Bamberger Gärtner-Sülze passen herzhaftes Vollkornbrot und Sesambutter, Rezepte Seite 44 und 58. ▷